Produção de recursos
didáticos em História

O selo DIALÓGICA da Editora InterSaberes faz referência às publicações que privilegiam uma linguagem na qual o autor dialoga com o leitor por meio de recursos textuais e visuais, o que torna o conteúdo muito mais dinâmico. São livros que criam um ambiente de interação com o leitor – seu universo cultural, social e de elaboração de conhecimentos –, possibilitando um real processo de interlocução para que a comunicação se efetive.

Produção de recursos didáticos em História

Fabio Sapragonas Andrioni

EDITORA intersaberes

Rua Clara Vendramin, 58 . Mossunguê . CEP 81200-170 . Curitiba . PR . Brasil
Fone: (41) 2106-4170 . www.intersaberes.com . editora@editorainstersaberes.com.br

Conselho editorial	*Capa*
Dr. Ivo José Both (presidente)	Mayra Yoshizawa (*design*)
Dr.ª Elena Godoy	Nejron Photo, Riznychenko
Dr. Neri dos Santos	Oksana, NGvozdeva, Ruslan
Dr. Ulf Gregor Baranow	Huzau, sumroeng chinnapan e
Editora-chefe	FabrikaSimf/Shutterstock (imagens)
Lindsay Azambuja	*Projeto gráfico*
Supervisora editorial	Bruno de Oliveira
Ariadne Nunes Wenger	*Diagramação*
Analista editorial	Alfredo Netto
Ariel Martins	*Equipe de* design
Preparação de originais	Luana Machado Amaro
Luiz Gustavo Micheletti Bazana	Charles L. da Silva
Edição de texto	Mayra Yoshizawa
Palavra do editor	*Iconografia*
	Sandra Lopis da Silveira
	Regina Claudia Cruz Prestes

Dados Internacionais de Catalogação na Publicação (CIP)
(Câmara Brasileira do Livro, SP, Brasil)

Andrioni, Fabio Sapragonas
   Produção de recursos didáticos em história/Fabio Sapragonas Andrioni. Curitiba: InterSaberes, 2019.

   Bibliografia.
   ISBN 978-85-227-0126-1

   1. História 2. História – Estudo e ensino 3. Prática de ensino I. Título.

19-28797   CDD-907

Índices para catálogo sistemático:
1. História: Estudo e ensino 907

Iolanda Rodrigues Biode – Bibliotecária – CRB-8/10014

1ª edição, 2019.
Foi feito o depósito legal.
Informamos que é de inteira responsabilidade do autor a emissão de conceitos.
Nenhuma parte desta publicação poderá ser reproduzida por qualquer meio ou forma sem a prévia autorização da Editora InterSaberes.
A violação dos direitos autorais é crime estabelecido na Lei n. 9.610/1998 e punido pelo art. 184 do Código Penal.

Sumário

9 *Prefácio*
13 *Apresentação*
19 *Como aproveitar ao máximo este livro*

Capítulo 1
23 **Didática da História**

(1.1)
25 Didática e História: conceitos gerais

(1.2)
29 Relação entre didática e História

Capítulo 2
57 **Recursos didáticos**

(2.1)
59 Recursos didáticos: conceitos gerais

(2.2)
65 Critérios para a elaboração de recursos didáticos

(2.3)
73 Recursos didáticos em História

(2.4)
80 A diversidade de recursos didáticos em face das novas abordagens em História

Capítulo 3
89 **Diferentes linguagens e mídias como recursos didáticos**

(3.1)
91 Literatura

(3.2)
94 Imagens

(3.3)
101 Histórias em quadrinhos

(3.4)
103 Dispositivos de acesso à internet

(3.5)
106 Notícias e mídia

(3.6)
110 Músicas

(3.7)
112 Audiovisual

(3.8)
114 Documentos

Capítulo 4
125 Livro didático: um recurso pedagógico

(4.1)
127 O livro didático de História como um objeto de análise

(4.2)
132 Problematizando o livro didático

(4.3)
138 O uso do livro didático na escola: recurso pedagógico e obra historiográfica

(4.4)
142 Como trabalhar o livro didático com os alunos

Capítulo 5
157 Espaços não convencionais para atividades educacionais

(5.1)
159 O uso de espaços não convencionais para o ensino e a aprendizagem em História

(5.2)
160 A cidade como espaço de historicidade

(5.3)
163 O trabalho didático com a cidade

(5.4)
172 Museus, bibliotecas e arquivos

(5.5)
180 Cemitérios

Capítulo 6
193 **Ludicidade na produção do conhecimento histórico**

(6.1)
195 O elemento lúdico no contexto pedagógico

(6.2)
200 O uso de jogos no ensino de História

(6.3)
215 Teatro

223 *Considerações finais*
227 *Referências*
241 *Bibliografia comentada*
245 *Respostas*
247 *Sobre o autor*

Prefácio

As delícias de estudar e ensinar História

Durante muitos séculos, a História foi considerada, quase que exclusivamente, um território intelectual em que se focalizavam biografias de reis e seus reinos, datas de guerras e suas consequências. Porém, nos meados do século passado, ocorreu a diversificação no âmbito do estudo da História, com a produção de estudos que buscavam examinar o curso das ideias ou da vida diária de pessoas comuns na sociedade, como camponeses e pobres urbanos, em vez de nobres e guerreiros. Também classificados como macro-história, ou estudos em grande escala, com o enfoque de temas específicos no contexto de muitas civilizações, identificamos os trabalhos de Arnold Toynbee (1889-1975), que examinou a força da religião em 26 culturas em seu livro Um estudo da História; de Herbert Muller (1905-1980) – com quem eu mesmo estudei –, que cotejou o conceito de liberdade mediante a investigação em torno de sete povos do passado, em sua obra Os usos do passado; e de Fernand Braudel (1902-1985), que analisou em Uma história da civilização a vida de indivíduos e grupos à margem da sociedade. Outro avanço entre os historiadores foi a integração de conhecimentos provindos de pesquisas em áreas afins, como arqueologia, antropologia, etnologia e folclore.

Surgiram estudos históricos sobre os mais variados e interessantes assuntos, como a culinária, o pão, a música, os jogos de lazer, as fofocas, a vida íntima, o saneamento básico, as diferentes ciências e praticamente todas as atividades realizadas ou os produtos gerados pelos seres humanas. Muito comum hoje é a prática de storytelling (contar estórias), isto é, descrever, em forma de narrativa, um evento pregresso, usando-se um discurso coloquial para informar e agradar aos ouvintes. Acredito não ser por acaso a existência, na língua portuguesa (mas não na língua inglesa!), de uma forte relação entre estória e história. Contudo, há aí uma diferença significativa: o historiador obriga-se a fornecer continuamente ao leitor evidências para apoiar suas afirmações, algo não exigido do ensaísta. Talvez uma das maiores contribuições que o estudo da História possa trazer para o Brasil seja o estabelecimento de uma tradição de requerer de todas as pessoas, seja na conversação informal, seja no discurso formal, escrito ou oral, a apresentação de exemplos para comprovar as afirmações que fazem, de modo a atestar a veracidade do fatos contados. Será que o atraso na regulamentação do ensino público e na criação de universidades no Brasil poderia explicar a causa da disseminação do fenômeno discursivo comum de se enunciarem opiniões sem que se sinta a necessidade de sustentar os argumentos usados com evidências elucidativas e convincentes? Inversamente, é preciso considerar que só se podem aceitar afirmações alheias quando acompanhadas de provas, exemplos, ilustrações claras e credíveis. É importante, também, estar alerta para não admitir, como prova de argumento, uma anedota, cujo peso como evidência é mínimo (ainda que disseminada pelo vulgo e filiada ao imaginário coletivo).

Há, pois, muitos "benefícios" no estudo da História, a começar pelo mais óbvio: entender por que as coisas à nossa volta estão do jeito que estão, como chegaram às consequências que nos impactam hoje. Outro aspecto consiste em empregar na própria vida critérios rigorosos, observados pelos historiadores, para avaliar fatos e julgamentos de fontes diversas, a fim de usá-las sem receio em suas comunicações escritas ou orais.

Considerando-se ainda que, mundialmente, escolas e universidades têm apenas cursos destinados ao estudo sobre o passado, e não sobre o futuro (um saber necessário e uma boa preparação para enfrentar um mundo cada vez mais complexo), é importante lembrar que o autor deste volume, professor Fabio Sapragonas Andrioni, em sua tese de doutorado em História, pela Universidade de São Paulo (USP), estudou as contribuições do físico e "futurista" norte-americano Herman Kahn (1922-1983), que, mediante a aplicação de alguns métodos de historiografia, criou cenários futuristas estrategicamente importantes para a tomada de decisões que envolviam o uso de armas nucleares nas décadas de 1960 e 1970[1]. Acrescente-se que eu, autor deste prefácio, também historiador, explorei possibilidades de oferecer cursos universitários sobre maneiras de delinear o futuro[2] e que um de meus orientandos, Sérgio de Souza Gabriel, escreveu uma tese de doutorado que aventava a ideia de um currículo para o ensino médio sobre o mesmo assunto[3].

---

1 ANDRIONI, F. S. **Quando a História também é futuro**: *as concepções de tempo passado, de futuro e do Brasil em Herman Kahn e no Hudson Institute (1947-1979). 340 f. Tese (Doutorado em História) – Faculdade de Filosofia, Letras e Ciências Humanas, Universidade de São Paulo, São Paulo, 2014. Disponível em: <http://www.teses.usp.br/teses/disponiveis/8/8138/tde-25052015-161036/pt-br.php>. Acesso em: 5 jul. 2019.*

2 LITTO, F. M. *A universidade e o futuro do planeta. In:* MORHY, L. **A universidade em questão**. *Brasília: Ed. da UnB, 2003. p. 99-113.*

3 Gabriel, S. de S. **Ensinando o futuro no ensino médio**: *uma investigação. 239 f. Tese (Doutorado em Comunicações) – Escola de Comunicações e Artes, Universidade de São Paulo, São Paulo, 2008. Disponível em: <http://www.teses.usp.br/teses/disponiveis/27/27154/tde-20052009-151104/pt-br.php>. Acesso em: 5 jul. 2019.*

Fabio Sapragonas Andrioni

Não é possível exagerar a importância do estudo da História, em qualquer uma de suas formas ou de suas focalizações. No nível mais geral, estudar e ensinar História representa encontrar a melhor resposta para a seguinte pergunta: Como nossa nação chegou a ser o que é e qual será a melhor direção a seguir no futuro? Quem conhece a História, tanto a macro quanto a micro, pode oferecer opiniões qualificadas e substanciadas sobre essa questão. No nível mais específico, quem vai ser professor de História tem o desafio de constantemente lembrar esta observação do celebrado cientista Albert Einstein (1879-1955): "Educação é aquilo que nós lembramos depois que esquecemos tudo o que nós aprendemos na escola". Que suas aulas como futuro professor de História sejam tão significativas que se tornem as mais lembradas décadas depois!

Fredric M. Litto
Professor emérito da Universidade de São Paulo (USP)
Presidente da Associação Brasileira de Educação a Distância (Abed)
Membro da Academia Brasileira de Educação

Apresentação

O tema desta obra – produção de recursos didáticos em História – instiga a reflexão acerca da natureza dessas ferramentas e de como aplicá-las no ensino de tal disciplina. As possibilidades de aprender e ensinar História são favorecidas no ambiente escolar, mas também podem ocorrer no contexto de uma prática individual de estudos, em que é possível utilizar materiais diversos produzidos por historiadores ou pelo próprio aprendiz.

Neste livro, buscamos fornecer orientações e ideias gerais e norteadoras para que alunos e professores de História possam elaborar os próprios recursos didáticos, tarefa que é complexa e envolve vários aspectos, entre os quais se encontram elementos da didática da História. Essa elaboração implica também o domínio do conhecimento histórico, que abrange conteúdos plurais, diversificados e numerosos.

Outra dificuldade presente na produção de tais recursos surge da relação da didática com a História, pois, conforme Rüsen (2007, p. 85-94), não é possível compreender o ensino e a aprendizagem da História sem um posicionamento e uma interpretação teórica.

Portanto, a forma como um estudante aprende e ensina História depende de como ele a interpreta. O modo como se concebem os recursos didáticos para ensinar e criar situações de aprendizagem está diretamente relacionado com o modo como se compreende a História. Assim, ao ensinar e aprender História, não estão em pauta somente os acontecimentos do passado, mas maneiras possíveis de interpretá-los. Isso envolve uma série de aspectos, como as possibilidades de compreender as relações entre os eventos e, ainda, o papel dos indivíduos e das coletividades, de perceber se a História tem um sentido definido ou se se apresenta como um caos, de verificar se nela há padrões ou não ou se ela tem alguma utilidade para a realidade vivida atualmente. Todas essas questões pautam como alguém compreende, elabora e utiliza os recursos didáticos. Como exemplo, podemos considerar os vários aspectos envolvidos no trabalho com uma simples fotografia: Como ler e interpretar esse objeto? Qual é o papel do passado para entendê-lo? O que uma fotografia narra? O que ela narra é uma opção de quem a fotografou? Quem é a pessoa que fotografou? O modo como esses elementos serão explorados depende das orientações que os alunos têm para entender a fotografia como recurso didático. Nesse contexto, é preciso compreender que tanto os alunos quanto o professor de História têm o compromisso de refletir sobre a importância do passado para a construção do indivíduo como agente e cidadão do mundo.

Cabe ressaltar ainda, neste texto inicial, que a discussão sobre os recursos didáticos, suas linguagens e sua natureza precisa ser feita constantemente, em virtude do surgimento de outras linguagens e mídias, as quais disponibilizam uma série de materiais que podem ser transformados em recursos didáticos valiosos. Pensemos na internet e nos elementos que podemos encontrar nesse ambiente: textos, imagens, vídeos, músicas, entre outros, armazenados em *sites* e portais variados. Há, pois, uma grande quantidade de informações, situação que nos obriga a questionar se o conteúdo é, hoje, o mais relevante na educação em História. Talvez o mais importante seja utilizar recursos didáticos que desenvolvam nos alunos a capacidade de ler e interpretar criticamente esse volume imenso de informações. Isso significa entendê-las, no caso do estudo da História, para além da aparência de instante que elas muitas vezes adquirem, relacioná-las ao tempo, à cultura e à sociedade em que foram formuladas e analisar o tipo de mensagem que transmitem e a relação que estabelecem com outras temporalidades, como o passado e o futuro.

Portanto, este livro destina-se a todos os que trabalham com História e que também são convidados a aprender e ensinar História de forma particular e individual ou em grupo, acompanhando esse universo de informações que fluem rápida e constantemente.

Tendo em vista os princípios e os propósitos expostos, abordamos, no Capítulo 1, os conceitos de didática e de História para discutir o papel do aluno e do professor dessa disciplina, bem como analisamos a didática da História como uma disciplina com complexidade própria. Não podemos perder de vista que algumas das dificuldades da didática da História são reflexos das particularidades da própria História como processo humano no tempo e como disciplina que estuda e enuncia esse processo. Portanto, parte da compreensão do que é ensinar e aprender História envolve conhecer a história do ensino de História, ou seja, como a compreensão sobre o que é ensinar e aprender História mudou ao longo do tempo.

No Capítulo 2, buscamos definir o que caracteriza um recurso didático, de modo a fornecer as diretrizes para a elaboração desses recursos. Nele, apresentamos as bases que podem e devem ser aplicadas na produção e na seleção de recursos didáticos.

No Capítulo 3, destacamos as diferentes linguagens e mídias que podem tornar-se recursos didáticos significativos. Prosseguindo nessa perspectiva, no Capítulo 4, problematizamos o livro didático, material utilizado por grande parte dos alunos e professores de História, razão pela qual deve ser alvo de uma análise crítica. Convém observar a necessidade de esse recurso ser um contraponto às demais fontes de informação disponíveis a esses sujeitos, as quais devem ser pensadas como complementares ao livro didático.

No Capítulo 5, apontamos espaços diferentes para o ensino de História que não sejam a sala de aula e a escola. Pensar em novos espaços para o ensino é compreender como diferentes lugares são portadores de historicidade e, por isso, servem como recursos didáticos para a História.

Por fim, no Capítulo 6, discutimos como transformar o ensino de História em uma experiência mais dinâmica e interessante, como alternativa às formas tradicionais de ensino. Trata-se, portanto, de identificar como é possível incorporar o elemento lúdico no ensino de História.

Você, leitor, perceberá que selecionamos vários exemplos de diferentes momentos e eventos históricos para ilustrar a utilização dos recursos didáticos na abordagem de conteúdos históricos. Com essas exemplificações, não pretendemos substituir as discussões historiográficas sobre o estado da arte, as hipóteses e os conceitos relacionados aos temas abordados. A finalidade dos exemplos é ilustrativa, propedêutica e heurística: eles servem para fornecer uma noção parcial de como um recurso pode ser aplicado, de modo a incentivar seu uso de forma criativa. Acreditamos que você tem as condições e os meios para buscar materiais complementares sobre os temas envolvidos nos exemplos, caso queira aprofundar seus conhecimentos. Nesse sentido, procuramos sempre indicar algumas obras de referência ou que serviriam como ponto de partida para atender a esse propósito.

Entendemos que esta obra pode corresponder às necessidades tanto de estudantes como de professores, pois a própria concepção didática que embasa nossa proposta de abordagem dos recursos didáticos não supõe posições tão fechadas quanto à definição daquele que ensina e daquele que aprende. Aprender a elaborar e a produzir esses recursos implica um constante alternar-se entre as posições de estudante e professor.

Boa leitura e bons estudos!

Como aproveitar ao máximo este livro

Este livro traz alguns recursos que visam enriquecer o seu aprendizado, facilitar a compreensão dos conteúdos e tornar a leitura mais dinâmica. São ferramentas projetadas de acordo com a natureza dos temas que vamos examinar. Veja a seguir como esses recursos se encontram distribuídos no decorrer desta obra.

Introdução do capítulo

Logo na abertura do capítulo, você é informado a respeito dos conteúdos que nele serão abordados, bem como dos objetivos que o autor pretende alcançar.

Síntese

Síntese

Neste capítulo, tratamos do livro didático, que, particularmente em História, consiste no livro-base para o estudo da disciplina.

Destacamos que esse material apresenta a História, ou seja, como os eventos ocorreram no passado, mas que essa apresentação nunca é neutra – é sempre uma construção dos autores e da editora sobre determinado recorte do passado.

Por isso, o livro didático pode ser utilizado de duas maneiras. A primeira é a forma padrão, que implica ensinar os conteúdos que ele aborda e propor a realização das atividades que ele contém. A segunda forma consiste em problematizar e discutir o livro com os alunos. Nessa análise, o professor deve orientá-los a examinar as condições de produção do livro, os elementos escritos e imagéticos, os títulos, a linguagem empregada e as atividades propostas. Com isso, os alunos desenvolvem uma visão mais crítica acerca do livro e do discurso histórico, o que também se estende, como competência, à leitura crítica de outros discursos que não somente o histórico.

Essa abordagem faz com que os alunos consigam ir além do uso tradicional do livro. No passado, o livro didático de História era utilizado como um dos únicos recursos didáticos possíveis. Ele era fundamental para toda a atividade do professor e servia às finalidades políticas dos governos, principalmente durante a ditadura militar. Porém, desde a década de 1980, as temáticas presentes nos livros didáticos se proliferaram, assim como o número de obras disponíveis no mercado. Essa realidade demanda ainda mais uma leitura crítica por parte dos alunos para que eles saibam avaliar os limites e as possibilidades dos livros com os quais estudam.

Fabio Sapragonas Andreus
(149)

Você conta, nesta seção, com um recurso que o instigará a fazer uma reflexão sobre os conteúdos estudados, de modo a contribuir para que as conclusões a que você chegou sejam reafirmadas ou redefinidas.

Indicações culturais

Nesta seção, o autor oferece algumas indicações de livros, filmes ou *sites* que podem ajudá-lo a refletir sobre os conteúdos estudados e permitir o aprofundamento em seu processo de aprendizagem.

Indicações culturais

Filmes

ENTRE os muros da escola. Direção: Laurent Cantet. França: Sony Pictures Classics; Imovision, 2008. 128 min.

O filme retrata diversas situações com as quais os professores se deparam em suas atividades. Narra a história de um professor em uma escola na periferia de Paris e as dificuldades que ele encontra para atrair o interesse dos alunos diante da realidade complexa e desmotivadora que vivem.

O CLUBE do imperador. Direção: Michael Hoffman. EUA: Universal Pictures, 2002. 109 min.

O filme possibilita refletir sobre as questões envolvidas no processo de ensino-aprendizagem, sobre as dificuldades éticas existentes na atividade de ensino e sobre as responsabilidades do professor em relação aos alunos, até mesmo após o fim da atividade escolar e na vida adulta destes.

Revistas

EDUCAÇÃO E PESQUISA. São Paulo: USP, 1999–. Disponível em: <www.educacaoepesquisa.fe.usp.br/>. Acesso em: 5 jul. 2019.

É fundamental que os professores sempre busquem conhecer novas reflexões sobre a didática, sobre o ensino e sobre a aprendizagem da História. Para isso, as revistas acadêmicas da área são boas fontes. A revista *Educação e Pesquisa*, da Faculdade de Educação da Universidade de São Paulo (USP), publica artigos sobre educação desde 1975, mas com essa denominação desde 1999. Nela, é possível encontrar artigos diversos de cunho teórico ou empírico, relacionados aos diferentes níveis educacionais.

Atividades de autoavaliação

Com estas questões objetivas, você tem a oportunidade de verificar o grau de assimilação dos conceitos examinados, motivando-se a progredir em seus estudos e a se preparar para outras atividades avaliativas.

> **Atividades de autoavaliação**
>
> 1. Sobre o livro didático de História, é correto afirmar:
>   a) Todo livro didático é neutro. Desse modo, não existem tantos livros disponíveis, já que cada um apresenta uma verdade definitiva sobre a História.
>   b) Todo livro didático é resultado das opções teóricas e metodológicas dos autores, as quais estão associadas a seus lugares institucionais.
>   c) Não se trata de um recurso didático, pois nele não existe preocupação didática. Ele tem a função única de ser lido pelos alunos fora da sala de aula.
>   d) O livro didático é o único recurso de que o professor precisa para elaborar as aulas de História; ele fornece todos os conteúdos e demais elementos didáticos necessários.
>   e) O livro didático deve ser abandonado para que o professor possa desenvolver uma atividade de ensino-aprendizagem realmente significativa.
>
> 2. Indique se as afirmações a seguir são verdadeiras (V) ou falsas (F) no que se refere à história do livro didático.
>   ( ) Durante muito tempo, o livro didático expressou uma visão linear da História, apresentando apenas aqueles que eram considerados os grandes nomes e eventos.
>   ( ) A renovação das temáticas dos livros didáticos de História teve início na década de 1980, acompanhando a proliferação das temáticas da historiografia.
>   ( ) Durante a ditadura militar, esperava-se que os professores seguissem o conteúdo do livro didático, que apresentava uma visão de história cívica.

Atividades de aprendizagem

Aqui você dispõe de questões cujo objetivo é levá-lo a analisar criticamente determinado assunto e aproximar conhecimentos teóricos e práticos.

> **Atividades de aprendizagem**
>
> Questões para reflexão
>
> 1. Enumere os programas de TV, os sites e os canais disponíveis em plataformas de compartilhamento de vídeos (como o YouTube) que você conhece e que abordam, direta ou indiretamente, temas da História. Analise a forma como essa abordagem é feita e reflita sobre o tipo de visão de História que se veicula nessas mídias. Que recursos são utilizados para tratar de História? Que desafios ou facilidades essas mídias criam para a atividade do professor?
>
> 2. Destacamos que, ao longo do século XX, surgiram novas abordagens para o estudo da História. Quais delas você conhece? Pense em alguns exemplos que poderiam ilustrar como essas novas temáticas podem ser trabalhadas em sala de aula. Que tipos de trabalhos complementares precisariam ser desenvolvidos? Que recursos didáticos seriam empregados?
>
> Atividade aplicada: prática
>
> 1. Neste capítulo, destacamos o preconceito como exemplo de situação-problema para o trabalho com o conceito de relativismo cultural. Agora, faça um exercício semelhante: escolha um conceito analisado em História, elabore uma situação-problema e esboce alguns conteúdos e recursos didáticos por meio dos quais seria possível desenvolver o conceito e a situação-problema selecionados.

Bibliografia comentada

BITTENCOURT, C. M. F. **Ensino de História:** fundamentos e métodos. São Paulo: Cortez, 2008.

Circe Maria Fernandes Bittencourt é uma historiadora reconhecida na área de estudos de História e professora de pós-graduação da Faculdade de Educação da Universidade São Paulo (USP) e da Pontifícia Universidade Católica de São Paulo (PUC-SP). Esse livro deve ser objeto de consulta de todo profissional de História que trabalhara, em algum nível, com o ensino, já que aborda diversos assuntos, desde os mais introdutórios, como o conceito de disciplina escolar, até os mais específicos, como o trabalho com o meio ambiente em História. É, portanto, uma obra que complementa o conteúdo apresentado neste livro.

FADEL, L. M. et al. (Org.). **Gamificação na educação.** São Paulo: Pimenta Cultural, 2014.

Os autores desse livro são pesquisadores nas áreas de comunicação, tecnologia para educação, jogos e educação a distância. A obra discute como utilizar jogos em diferentes atividades educativas e em diversas modalidades da educação.

Bibliografia comentada

Nesta seção, você encontra comentários acerca de algumas obras de referência para o estudo dos temas examinados.

Capítulo 1
Didática da História

A didática da História compreende duas áreas do conhecimento: a didática e a História. Porém, quando se trabalha com as duas em conjunto, o resultado é uma disciplina nova, que reúne questões advindas de cada uma em particular, mas também apresenta problemáticas novas. Neste capítulo, inicialmente definiremos o que é História e o que é didática. Em seguida, abordaremos os dois principais elementos didáticos: o ensino e a aprendizagem. Trataremos das especificidades da didática, do ensino e da aprendizagem da História, enfatizando as dificuldades observadas no âmbito do ensino em virtude das características do conhecimento histórico. Por fim, examinaremos a história do ensino de História e discutiremos as mudanças nas concepções didáticas dessa disciplina, de modo a esclarecer o que concebemos como ensino de História hoje.

(1.1)
Didática e História: conceitos gerais

Você já pensou sobre o significado do termo *História*? Consegue defini-lo com precisão? Podemos identificar, basicamente, dois significados para essa palavra: *História* pode referir-se ao conjunto de acontecimentos do passado e, também, aos estudos e às obras escritas sobre esses acontecimentos do passado. Portanto, a denominação *História* faz referência a todos os fatos que sucederam e sobre os quais se diz algo.

Segundo o pesquisador francês Marc Bloch (2001, p. 20), o historiador é como o ogro dos contos infantis: onde sente o cheiro de carne humana, é para lá que ele vai. Porém, se considerarmos tudo o que já aconteceu no mundo, concluiremos que há muita carne humana disponível. Sabemos que é impossível contar toda a História, ou seja, abarcar tudo o que aconteceu no passado da humanidade. Por isso, os historiadores contam sobre o passado de acordo com as fontes disponíveis que escolhem.

Imagine como seria uma obra de História que contasse tudo o que já se passou no mundo, uma obra, por exemplo, que buscasse narrar, segundo por segundo, o que uma família francesa, moradora de determinada casa, fazia um ano antes da Revolução Francesa. Agora, suponha o que significaria relatar o dia a dia de todas as famílias de todas as épocas. Isso é impossível, pois os historiadores estão limitados pelos documentos e pelas fontes que restaram do passado; é com base nelas que selecionam seus objetos de estudo.

Quando se trata do ensino de História, também é preciso fazer uma seleção. As justificativas para a escolha dos fatos da História a serem ensinados devem estar pautadas em um planejamento didático.

Aqui, cabe então definir o que é didática. Conforme Libâneo (2006, p. 52), *didática* é uma parte da pedagogia, área do conhecimento que se dedica ao estudo da educação e analisa como os conteúdos são ensinados e construídos pelos alunos no processo de ensino-aprendizagem.

Uma das áreas de atuação do profissional de História é o ensino. A didática estuda as obrigações pedagógicas que devem ser assumidas nesse processo, como a elaboração de planos de aula. Esses planos devem apresentar as metodologias escolhidas para a formação dos alunos, conforme a individualidade e as especificidades deles. Portanto, a pedagogia também abrange o estudo das metodologias mais adequadas para a formação dos alunos (Libâneo, 2006, p. 52).

Em resumo, "A pedagogia [...] é sempre uma concepção da direção do processo educativo subordinada à concepção político-social" (Libâneo, 2006, p. 52). E, na síntese de Haydt (2011, p. 13), a pedagogia é "a ciência e a arte da educação".

E qual seria o papel da didática na pedagogia? A didática é uma das áreas da pedagogia que trata especificamente do processo de ensino e de seus elementos constituintes: os conteúdos escolares, o ensino e a aprendizagem. De acordo com Veiga (2006, p. 49), a didática deve considerar que a educação é uma prática social e um processo de construção e emancipação humanas. Essa construção do indivíduo ocorre por meio das atividades executadas para a aquisição do conhecimento e do desenvolvimento das competências para a pesquisa.

1.1.1 Ensino e aprendizagem

Dois dos principais objetos de estudo da didática são o ensino e a aprendizagem. Qual deles você diria que corresponde ao papel do professor? E quanto ao aluno? Na verdade, tanto o aluno quanto o professor ensinam e aprendem. Isso ocorre porque não é possível considerar o ensino e a aprendizagem elementos totalmente independentes. É possível avaliar se um conteúdo foi bem ensinado sem ter a dimensão de quanto desse conteúdo foi aprendido?

Paulo Freire (1996, p. 22, grifo do autor) alerta que "ensinar não é **transferir conhecimento**, mas criar as possibilidades para sua produção ou sua construção". Portanto, a relação de quem ensina com quem aprende não é uma relação entre objetos, na qual, de forma neutra, um transfere o conhecimento para o outro. Quem ensina não tem total controle sobre quem aprende, como se este último fosse uma massa amorfa e pronta para ser moldada (Freire, 1996, p. 23).

Os papéis de quem ensina e de quem aprende não são sempre tão claros e determinados. É possível, por exemplo, que um aluno que aprendeu bem um conteúdo ajude um colega, ensinando-o. E quem ensina nunca deixa de aprender, pois, ao ensinar determinado assunto, aprende maneiras novas de abordá-lo, o que demanda conhecer novos conteúdos. Em sala de aula, durante a realização de atividades, o professor muitas vezes aprende com os alunos ao receber informações novas sobre dado tema. O processo de ensino, portanto, pressupõe um espaço sem constrangimento para manifestações, o que invalida a ideia do papel do aluno como sujeito passivo. É nesse sentido, então, que as relações de ensino-aprendizagem são objeto da didática (Haydt, 2011, p. 13).

Assim como a pedagogia considera os aspectos sociais, culturais, políticos e psicossociais do processo educacional, a didática, como parte da pedagogia, também deve levar em conta esses aspectos ao tratar das formas e das condições do ensino e da aprendizagem. A didática, portanto, estuda como desenvolver as capacidades e as aptidões físicas e mentais dos alunos, de modo a prepará-los para a vida em sociedade (Libâneo, 2006, p. 52-53). Dessa maneira, o conteúdo que se busca desenvolver por meio de um recurso didático deve ser justificado conforme as necessidades dos alunos.

Uma das preocupações que o professor de História deve ter diz respeito às formas de tornar o conteúdo apreensível. Elaborar uma atividade de ensino implica levar em consideração as **situações de aprendizagem** envolvidas, ou seja, como as atividades e os recursos utilizados para desenvolvê-las permitem a fixação de um assunto novo e a vivência que lhe está associada.

As diferentes teorias pedagógicas e didáticas apresentam posições diferentes quanto à aprendizagem. Para a Escola Nova[1], por exemplo, a aprendizagem consiste em um processo que depende das atividades mentais dos alunos. Por isso, deve haver um grande incentivo para estimulá-las por meio da observação, da proposição de perguntas,

---

1   *A Escola Nova foi um movimento que buscava renovar o ensino entre o fim do século XIX e o início do século XX. No Brasil, teve preponderância nas décadas de 1920 e 1930.*

da pesquisa, da experimentação e da resolução de situações, convidando-se os alunos a uma participação ativa e dinâmica na relação ensino-aprendizagem (Haydt, 2011, p. 26).

Já para Jean Piaget[2], a aprendizagem supõe a organização e a utilização dos esquemas mentais individuais para se adaptar ao meio. Por meio da aprendizagem, o indivíduo consegue agir sobre o ambiente e transformá-lo. Portanto, na concepção piagetiana, a aprendizagem consiste em assimilar novos conteúdos aos esquemas mentais já presentes, o que levaria a reorganizar e reestruturar tanto as novas informações quanto os conteúdos já existentes. Assim, conhecer algo também é agir sobre ele e, portanto, transformá-lo (Haydt, 2011, p. 29).

Qualquer que seja a metodologia de ensino e aprendizagem escolhida, é fundamental que sempre ela possa ser justificada conforme a concepção didática adotada. Não se concebe, pois, que haja uma única forma, ou aquela considerada a melhor e definitiva, de ensinar e aprender cada conteúdo.

(1.2)
Relação entre didática e História

A didática da História estuda as formas de ensinar e aprender o que ocorreu no passado. Trata-se de assumir que existem alguns aspectos que conferem uma especificidade ao ensino e à aprendizagem da História, exigindo um trabalho didático que se reveste de contornos peculiares.

---

2 Jean Piaget (1896-1980) foi um psicólogo suíço que trouxe importantes contribuições para a psicologia da educação ao abordar os estágios de desenvolvimento cognitivo do ser humano.

Um dos objetos de estudo da didática é o modo como se pode tornar o conteúdo a ser ensinado significativo para quem o estuda. As diferentes maneiras de ressaltar a importância de determinado conteúdo se refletem nas situações de aprendizagem criadas. Dessa forma, compreende-se que uma situação de aprendizagem bem desenvolvida deve sempre propiciar a aproximação do conteúdo a ser ensinado à realidade e vivência dos alunos.

Nesta reflexão, é preciso lembrar também um dos princípios do estudo da História: cada evento deve ser compreendido de acordo com a época em que ocorreu. Isso significa que a História estuda o passado, que é diferente do presente.

Figura 1.1 – Vestimentas gregas: *chitón* e *himátion*

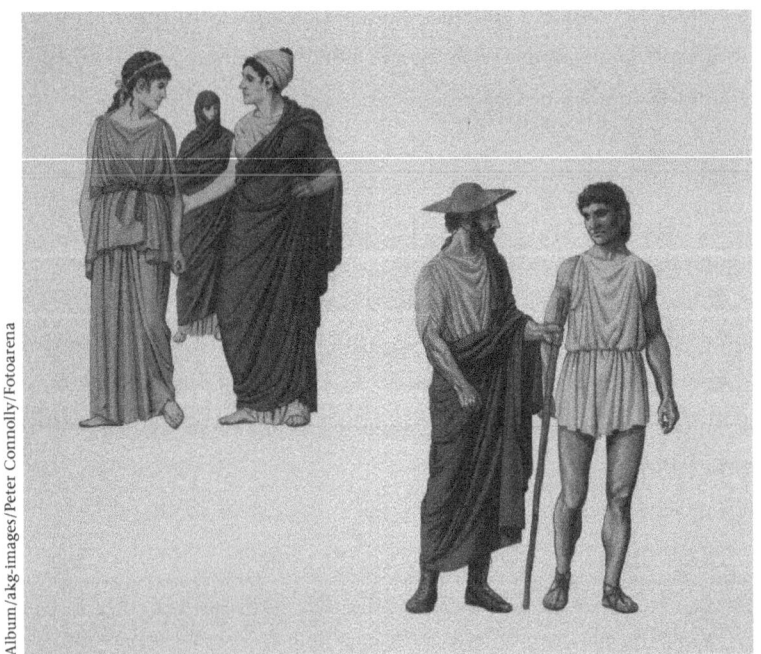

Podemos refletir sobre essa questão partindo do seguinte ponto: O que nos torna diferentes dos gregos antigos ou dos povos medievais? Primeiro, devemos considerar algo que parece óbvio: somos diferentes dos homens e das mulheres daquelas épocas. Ninguém mais usa um *chitón* ou um *himátion*[3] (Figura 1.1) nem vive em um regime feudal. Essa diferença existe justamente pela diferença temporal. Assim, foi o conjunto dos processos históricos, ocorridos no tempo, que produziu essa diferença, e são esses elementos históricos que nos distinguem em relação ao passado. Essas diferenças, essas particularidades dos diferentes tempos é que interessam à História.

Você percebe que do exposto anteriormente se pode depreender uma contradição entre a didática e História? Se, por um lado, a didática sustenta que o professor deve aproximar o conteúdo estudado da vivência do aluno, por outro lado, a História estuda o passado, entendido como aquilo que é diferente do atual, isto é, do presente.

Assim, o problema do ensino de História é: Como aproximar dos alunos os conteúdos da História, tendo em vista que se vive justamente em outra época (o presente), distinta da época estudada (o passado)?

Um aluno da educação básica, por exemplo, não precisa aprender a História como um profissional da área aprende, pois o historiador é levado a refletir sobre uma série de questões relativas ao conhecimento, à filosofia e à metodologia da História, as quais não correspondem à estrutura cognitiva[4] e ao interesse dos alunos. Por tudo isso, ensinar e aprender História é complexo.

---

3   Duas das peças do vestuário grego, as quais normalmente eram usadas em conjunto.
4   A estrutura cognitiva é um conceito desenvolvido por Piaget que diz respeito às formas possíveis, compostas em um momento específico da capacidade intelectual do indivíduo, de ele compreender o mundo e, assim, agir nele. Compreende, portanto, todos os conhecimentos que a pessoa detém e o modo como os organiza e os utiliza.

Um dos primeiros ensinamentos adquiridos no início da formação de todo historiador é a questão do anacronismo, que significa evitar analisar um evento ou fato histórico com base em valores e critérios do tempo atual. Todavia, ao refletir sobre os princípios da didática, podemos concluir que é difícil explorar com os alunos aspectos relevantes de determinado momento histórico sem cometer anacronismo; seria necessário exigir deles uma abstração de quem são e do tempo em que estão. Fazer esse exercício é algo complexo para os alunos. Porém, devemos questionar: Será que isso é mais complicado do que a abstração que os alunos devem exercitar para entender determinados conteúdos de matemática? Em certo nível, na matemática, os alunos não operam mais com elementos concretos e próximos de sua realidade, como no caso de uma situação em que se explica que a soma de uma laranja com outra resulta em duas laranjas. Os alunos precisam começar a trabalhar com conceitos e abstrações. Na História não é diferente.

Assim, se a **exigência de abstração** é um dos elementos que dificultam o ensino de História, ela não é exclusiva dessa disciplina. Com isso, a questão se desloca para um novo ponto: Para que serve o ensino de História? Primeiramente, estudar História permite obter uma visão diferenciada do tempo e do mundo atuais. Nesse estudo, procuramos compreender nosso presente conforme olhamos para o passado. Olhamos para o passado porque acreditamos que lá, em determinada época, está a explicação para o que vivemos hoje ou uma contribuição para o entendimento que buscamos alcançar.

Cabe observar que é um equívoco considerar que a História ensina sobre os erros do passado para compreendermos o presente e acertarmos no futuro. Como Pernoud (1990, p. 157-158) observa, o que serviu como solução para ontem não servirá para hoje. Portanto, a História não ensina como melhorar o futuro e não é uma solucionadora de problemas que venham a aparecer. Contudo, o estudo do passado pode nos tornar mais críticos e menos apaixonados pelo nosso tempo, dando-nos a possibilidade de reconhecer os esforços de outros tempos, o que nos esclarece sobre o hoje e aguça nossa reflexão sobre as novas realidades que surgem. Por fim, o estudo da História também nos ensina como desenvolver métodos para identificar problemas e como localizá-los nas respectivas temporalidades. A História, pois, desenvolve o senso crítico e a capacidade de questionamento.

Bittencourt (2008, p. 327) apresenta uma boa definição do que é possível pretender com o ensino de História: "desenvolver uma autonomia intelectual capaz de propiciar análises críticas da sociedade em uma perspectiva temporal".

Portanto, ensinar História requer o emprego de todas essas funções, e elas são as chaves para o professor estabelecer de que forma pode realizar a aproximação do passado com o presente, a qual, como destacamos, é a principal dificuldade encontrada na didática da História. Como trabalhar com os alunos elementos que são relevantes justamente por serem diferentes e estarem distantes no tempo?

Aqui, buscamos responder a essa questão seguindo dois caminhos complementares. Um deles é discutir mais especificamente aspectos do ensino da História e as possibilidades de realizar a aproximação entre passado e presente. O outro caminho consiste em abordar a história do ensino de História. Porém, devemos ressaltar que, para além das respostas que daremos, cabe ao professor refletir com frequência sobre as próprias respostas que elabora em sua prática docente.

1.2.1 Como trabalhar os conteúdos no ensino de História

Atualmente, deparamo-nos com um mundo cada vez mais globalizado e em mudança constante. Essa situação é um desafio enorme para alunos e professores de História, que têm de operar com conteúdos que, muitas vezes, remetem a realidades distantes, como a organização social do mundo grego ou romano na Antiguidade ou, ainda, o sistema produtivo do feudalismo. Por outro lado, é possível transformar essa situação de mudança constante em algo a favor do processo pedagógico. No mundo atual, é produzida uma grande quantidade de materiais que podem ser tratados e abordados como recursos didáticos, isto é, aplicados para ensinar e aprender História. Além disso, a globalização e uma relativa homogeneização do consumo colaboram para a criação de uma série de elementos comuns entre alunos de diferentes contextos sociais e culturais, o que contribui para a elaboração de recursos didáticos.

Esse fundo contextual comum facilita a abordagem didática inicial, pois permite que o professor tenha mais chances de encontrar elementos compartilhados pelos alunos. O psicólogo David Ausubel[5], citado por Freitas e Francisco (2012, p. 5), identifica em sua teoria os **conceitos subsunçores**, que são como áreas de encaixe nas quais é possível acoplar novos conhecimentos. Essas áreas não estão soltas, e sim ligadas à estrutura cognitiva dos alunos, ou seja, ao conjunto de conhecimentos e à visão de mundo que eles já têm. Quando ocorre essa relação do novo conteúdo com os conteúdos já presentes na

---

5   *David Paul Ausubel (1918-2008) foi um psicólogo estadunidense que estudou questões relacionadas à educação, formulando uma proposta cognitivista que se aproxima da teoria de Piaget em alguns pontos e se afasta dela em outros.*

estrutura cognitiva dos alunos, a aprendizagem torna-se **significativa** (Freitas; Francisco, 2012, p. 5).

Assim, um dos princípios didáticos mais valiosos é reconhecer que os alunos já detêm uma compreensão do mundo e que o trabalho com novos conteúdos não pode deixar de lado esse conjunto de conhecimentos, mas, ao contrário, partir dele. Dessa forma, uma das preocupações didáticas que devem estar presentes no processo de elaboração de qualquer recurso diz respeito à possibilidade de aproximar o novo tema de elementos já conhecidos pelos alunos. Com base na tirinha da Figura 1.2, reflita: Qual termo há mais chances de um estudante não familiarizado com a história da Idade Média conhecer? *Feudal* ou *pedal*? Qual está mais próximo da realidade cotidiana da maioria das pessoas?

Figura 1.2 – A necessidade de aproximar os conteúdos novos dos já conhecidos pelos alunos

Portanto, para desenvolver recursos didáticos, é importante conhecer quem são os alunos e quais são os contextos culturais, políticos e socioeconômicos em que estão inseridos, pois só assim o professor poderá saber quais são os recursos mais adequados para a abordagem dos novos conteúdos.

No caso de algumas disciplinas e de determinados conteúdos, essa aproximação pode ser mais simples. Na Matemática, por exemplo, a multiplicação é uma derivação e uma forma de agilizar a adição. Esse é um caso de desenvolvimento de um novo conteúdo (multiplicação) com base em um conteúdo prévio (adição) da própria disciplina. Há, pois, um requisito prévio para o entendimento e a apreensão das temáticas novas, configurando-se um processo cumulativo. Além disso, essas duas operações têm uma aproximação bastante prática e funcional com os problemas cotidianos das pessoas. Estabelecer essas relações no estudo da História é algo mais complexo.

Algumas relações entre conteúdos históricos são passíveis de definição. Por exemplo, o estabelecimento do feudalismo deriva das invasões dos povos germânicos na parte europeia do Império Romano. No entanto, o feudalismo pode ser estudado independentemente do Império Romano, pois tem uma dinâmica e uma historicidade próprias.

Uma relação que poderia ser estabelecida concerne à reflexão sobre a situação da mulher na sociedade romana com base na análise de sua vida pública e privada. A exposição do tema poderia calcar-se em dois subsunçores: o conhecimento que os alunos têm acerca da sociedade romana e a situação da mulher atualmente. O recomendado é fazer uma abordagem prévia de um dos subsunçores, como forma de ativá-lo. Um exemplo seria a proposição de uma pergunta cuja resposta é simples: "Quem era, na sociedade romana, o sexo dominante?". Com esse tipo de questão, a intenção seria fazer com que, em busca da resposta, os alunos recorressem ao que conhecem: a sociedade em que vivem. Ao retomarem a ideia de que ela é patriarcalista, ou seja, uma estrutura social controlada pelo gênero masculino, os alunos poderiam pensar em algo como: "Será que os romanos também eram patriarcalistas?". O próximo passo seria justamente fazer a associação com a sociedade romana. Caso isso não ocorresse nesse momento, na hipótese de ainda não haver o conhecimento sobre o mundo romano, na etapa seguinte, ou seja, no estudo da sociedade romana, os alunos poderiam fazer essa associação.

Podemos considerar, ainda, outro exemplo: ao descobrirem que as mulheres romanas se casavam entre os 12 e os 18 anos com homens de 30 a 40 anos, os alunos com frequência esboçam alguma reação, pois, de alguma forma, costumam relacionar essa informação com os padrões observados no próprio cotidiano.

Uma possibilidade é apresentar aos alunos um conjunto já pronto de conhecimentos sobre a sociedade romana e instigá-los a realizar uma pesquisa sobre o mesmo assunto, de maneira a permitir outras descobertas. Por exemplo, um aluno que ainda não tenha estudado a sociedade romana poderia desenvolver o estudo sobre esse tópico com base em um aspecto específico, como a vida pública da mulher romana. Esse conteúdo permite estabelecer relações com características da vida pública da mulher contemporânea. Nesse sentido, uma abordagem didática poderia, por exemplo, questionar o comportamento da mulher na sociedade contemporânea. Os alunos poderiam comparar essa realidade com a situação da mulher em Roma e, então, seriam instigados a pesquisar como era a sociedade romana de forma mais ampla. Essa pesquisa suscitaria a reflexão sobre outros aspectos, como a situação do homem na Roma Antiga.

Essa proposta de situação de aprendizagem culminaria em uma compreensão de como as sociedades humanas são mais complexas e estão além de visões binárias que sustentam entendimentos simplistas como o expresso em "mulher é oprimida e homem é opressor". A forma de trabalho aqui apresentada conduziria os alunos a uma compreensão de que as mulheres romanas eram submissas e privadas daquilo que era mais importante naquela sociedade, ou seja, a arte da discussão, da oratória e da política. Porém, ao descobrirem que elas escreviam, cuidavam da aparência e organizavam banquetes, os alunos poderiam desenvolver uma compreensão que ultrapassa a perspectiva binária mencionada[6].

Esse só foi um exemplo, um estímulo para que se pense em outras possibilidades, sempre buscando-se estabelecer uma relação entre a temporalidade dos alunos e a do conteúdo histórico. Esse trabalho comparativo exerce uma função dupla no ensino de História: promove a aproximação didática com a realidade dos alunos, o que permite o desenvolvimento do novo conteúdo, e possibilita a percepção das diferentes temporalidades de cada situação.

1.2.2 História do ensino de História

Por que é necessário conhecer a história do ensino de História no Brasil? Isso é importante porque permite entender como diferentes justificativas foram dadas para que a História fosse ensinada. Para o professor, é fundamental conhecer essa história para poder localizar-se no processo histórico e compreender sua função profissional, não só como docente, produtor de recursos didáticos e pesquisador do ensino, mas também como agente social responsável pelo estudo do passado e pela (re)construção da História.

Os principais educadores durante o período colonial foram os jesuítas. A visão deles de História era a cristã, a qual foi formulada ao longo da Idade Média. Para os cristãos, a História era uma revelação, pois narrava a queda da humanidade até sua salvação, iniciada com a vinda de Cristo. Essa influência cristã existe até hoje. Além de alguns feriados, o exemplo mais visível de tal influência é a contagem

---

6   Sobre essa questão das relações de gênero na sociedade romana e em outras épocas, há uma série de artigos e monografias que podem ser encontrados nas indicações culturais apresentadas ao longo dos capítulos. Por ora, com relação à temática abordada no exemplo, indicamos os seguintes livros: História das relações de gênero, de Peter N. Stearns (2007), e Grécia e Roma, de Pedro Paulo Funari (2015).

dos anos, que se inicia com a data atribuída ao nascimento de Jesus Cristo (Löwith, 1991, p. 184-185).

A **visão cristã**, ao assumir a compreensão da História como um processo universal e dirigido pela vontade de Deus, concebe a humanidade como única e não plural. Logo, há uma crença em uma essência universal do ser humano. Entende-se que, sendo universal a mensagem de Deus, a humanidade deve compreendê-la de uma única maneira. Com isso, todos os acontecimentos históricos e todas as pessoas envolvidas neles convergem para uma única História. Nesse contexto, o estudo histórico se torna importante porque é preciso compreender e explicar como os eventos que ocorreram ao longo do tempo são desígnios de Deus para um fim único (Löwith, 1991, p. 169-170). Estudar a História, portanto, permite aprender sobre o mundo e sobre os caminhos de Deus e, por isso, tem uma função pedagógica (Bourdé; Martin, 1990, p. 16).

Se, entre 1549 e 1759, os principais educadores no Brasil eram os jesuítas e seu plano de educação era embasado na concepção cristã da História, como era a educação e o ensino de História? Consistia no ensino da cultura geral, que era a busca pela erudição, ou seja, pelo conhecimento dos autores clássicos e dos principais nomes e eventos da História. Essa educação pouco se relacionava com a realidade da colônia. Os estudos eram privados, isto é, os alunos seguiam uma prescrição do mestre, que orientava o método, o conteúdo e o horário de estudo. As aulas eram expositivas, e a repetição era um dos principais recursos didáticos. Dessa forma, cabia aos alunos decorar. As avaliações eram escritas e orais (Veiga, 2006, p. 33-34), e a educação formal era restrita a poucas pessoas, excluindo grande parte da população, que era analfabeta (Shigunov Neto; Maciel, 2008, p. 175).

Podemos imaginar, então, que entre os jesuítas não existia uma grande preocupação com a didática. O ensino era formal e a aprendizagem era medida pelo conhecimento que os alunos conseguiam acumular. Assim, a didática consistia nas normas que orientavam a prática de quem ensinava e a forma como os alunos deviam estudar. Essas regras definiam como deveriam ser ministradas as aulas, determinando o ritmo de desenvolvimento dos conteúdos e o processo de ensino (Veiga, 2006, p. 34-35).

Logo após a Independência do Brasil, cabia aos alunos aprender sobre a Constituição do Império e a história do Brasil. O ensino de História baseava-se em leituras, pois alguns dos materiais lidos no processo de alfabetização tinham a função de afirmar os deveres com a pátria e seus dirigentes. Era, portanto, uma formação **moral e cívica**, que persistiu até o século XX. O objetivo era desenvolver os ideais de pátria e nação (Bittencourt, 2008, p. 61, 64).

Essa ideia de formar um senso de compromisso com a pátria e com a nação decorria das pesquisas e dos estudos desenvolvidos pelo Instituto Histórico e Geográfico Brasileiro (IHGB), fundado em 1838. Essa entidade fornecia às elites e ao Estado imperial uma visão homogênea do que era o Brasil, responsabilizando-se por narrar o processo de constituição da nação. Esse modo de conceber o conhecimento histórico era claramente **iluminista**, entendendo-se que o topo da pirâmide social, esclarecido e conhecedor dos mistérios da História, deveria iluminar o restante do corpo social. Aliás, uma das tarefas que o IHGB se atribuía era o incentivo ao ensino de História na rede pública (Guimarães, 1988, p. 5-11).

Com isso, podemos notar que, em sua origem, a preocupação de ensinar história do Brasil está claramente ligada à construção da identidade nacional. Então, quais seriam as características dessa História? É uma História que pressupõe o progresso, ou seja, apresenta-se o processo histórico com início em uma situação supostamente mais atrasada (o Brasil indígena, antes dos portugueses); com o passar do tempo, a sociedade, a moral, a cultura teriam passado por um aprimoramento. Nessa perspectiva, esse avanço estaria associado ao homem branco que, ao colonizar a América e o Brasil, trouxe a civilização a essas terras. Esse elemento branco seria importante porque transformou o Brasil em uma nação, ao integrar geograficamente um território amplo e fragmentado. Logo, a concretização da história do Brasil ocorreria atrelada às conquistas geográficas que constituíram o território nacional. A História revela, pois, o processo de integração nacional e, com isso, parte da identidade nacional dependia da História. A ideia de nação e de identidade brasileira que o IHGB e o Império transmitiam estava vinculada a um processo de continuidade de uma ação civilizadora que tivera início com a colonização portuguesa. A nação, o Estado e a Coroa eram uma continuidade da Europa, até mesmo pela constituição de uma civilização branca e nos moldes europeus (Guimarães, 1988, p. 6, 8, 14-15; Cerri, 2010, p. 264-266).

Excluíram-se dessa visão de História os indígenas e os afrodescendentes. Colocados à margem da história do Brasil, os afrodescendentes eram considerados obstáculos para se chegar ao estágio de civilização. Nesse sentido, a escravidão era concebida como um risco ao projeto nacional e, por isso, os negros eram pouco estudados pelo IHGB (Guimarães, 1988, p. 7, 17, 22). Já os indígenas foram objeto de mais estudos, pois havia a preocupação de assimilá-los na história do Brasil. O controle do elemento indígena tornou-se importante, já que ajudaria a assegurar regiões de fronteiras e eles poderiam tornar-se mão de obra (Guimarães, 1988, p. 7, 17-18, 21).

Essas características compõem aquilo que Cerri (2010, p. 264-265) chama de *código disciplinar da História*, isto é, uma forma específica de interpretar a história brasileira, que resulta em uma representação do Brasil com certas características gerais. Um exemplo é o mito de que o Brasil foi o palco de mudanças pacíficas. Por trás desse mito está o discurso que propaga a ideia de uma identidade unificadora e de colaboração mútua entre as diferentes classes e etnias.

Foi também no século XIX, a partir de 1870, sob a influência iluminista e, sobretudo, **positivista**[7], que o ensino religioso começou a perder força. No entanto, não se abandonou a crença na existência de um homem universal, com uma natureza única e dotado de razão. A centralidade da relação ensino-aprendizagem estava na figura do professor, compreendido como um portador da verdade universal e enciclopédica. O professor era concebido como alguém que sabe agir racionalmente, motivo pelo qual a relação professor-aluno é pautada na autoridade e na hierarquia, sendo, pois, desigual. Os alunos eram tidos como mero receptores e deviam ter uma postura passiva. Os conteúdos seriam verdades prontas, definitivas e universais. Os métodos para transmitir o saber também eram considerados excelentes, e a formação didática do professor consistiria em aprender esses métodos e a forma de aplicá-los. Caberia ao docente, assim, garantir a disciplina e a ordem, sem perturbações durante a aula, meramente expositiva. Por se tratar de uma visão do conteúdo como um conhecimento que reflete o mundo, não se espera que as atividades de ensino e aprendizagem se relacionem criticamente com a sociedade e a escola (Veiga, 2006, p. 35-36).

Logo após a Proclamação da República, os conceitos de preservação da ordem e de respeito à hierarquia como formas de progresso da nação continuaram a se propagar com força. Esses conceitos também serviam para tentar disciplinar o contingente de imigrantes europeus

---

7 *Filosofia elaborada por Auguste Comte (1798-1857), no século XIX, segundo a qual a história da humanidade apresenta um progresso em que o último estágio seria o positivo ou científico. Esse estágio se assentaria em descobertas feitas por meio da razão e da investigação científica, que revelariam as leis que regem o mundo.*

que chegava, principalmente mediante a exaltação dos personagens da vida pública, tomados como exemplos morais (Bittencourt, 2008, p. 61-64).

Ribeiro (1992, p. 86-115) observa que, no início do século XX e da República, o Estado, ainda dominado por fazendeiros ou por políticos ligados a eles, não via legitimidade nos movimentos populares, tratando-os como inimigos e como assunto de polícia, o que refletia ainda uma **ideologia positivista** e baseada no lema "Ordem e progresso". Ocorria o crescimento industrial, acompanhado pela organização da classe média e por sua busca por representação política. Em paralelo, os movimentos operários e as vertentes políticas que os representavam começaram a se organizar cada vez mais para lutar por seus interesses. Nesse ambiente, instalou-se certa relação de disputa e conflito, que alcançou, inclusive, a educação. Na segunda metade da década de 1930, o ensino médio adquiriu um caráter profissionalizante, visando atender à demanda de mão de obra especializada que havia surgido atrelada ao desenvolvimento industrial.

Além de ser objeto de disputas políticas, a educação também se tornou um espaço de debate profissional, uma vez que já se destacavam pessoas dedicadas exclusivamente à área. Isso garantiu mais autonomia à educação, pois ela passou a ser vista como um campo com problemas e questões próprias e com potencial para alterar a sociedade. É importante ressaltar o papel desempenhado pelos professores para a conquista dessa independência. Isso fez com que a educação assumisse premissas e finalidades próprias, não estando mais atrelada a uma compreensão e a um direcionamento exclusivamente religiosos ou políticos (Ribeiro, 1992, p. 99-112).

A pluralidade das disputas políticas se manifestou principalmente no início da década de 1930, antes e depois do golpe de Estado. Essas circunstâncias atrasaram a elaboração de um plano de governo e, portanto, de um **plano educacional**. Como uma resposta a esse atraso, em 1932, por iniciativa de alguns educadores, foi publicado o Manifesto dos Pioneiros da Escola Nova. Instaurou-se no campo educacional, assim, uma oposição entre os tradicionalistas, cuja maioria era de concepção católica, e os educadores influenciados por novas propostas, principalmente associadas ao Manifesto. Nesse momento de embates em torno da educação, os católicos acusaram os integrantes da Escola Nova de serem partidários do comunismo, em virtude da crença destes de que o ensino deveria ser responsabilidade do governo. O movimento caracterizava-se por uma concepção mais ligada à atividade humana e centrada na proposta de formação de um novo tipo de homem, condizente com os princípios democráticos; além disso, defendia que todos tinham o direito de se desenvolver e que era preciso valorizar a criança e respeitar suas particularidades. Nesse sentido, os problemas educacionais seriam resolvidos no âmbito escolar, com base em uma proposta que não previa a necessidade de relevar a realidade brasileira em suas esferas política, econômica e social. Assim, o problema educacional era concebido como um problema escolar e, por isso, valorizava-se o ensinar bem como algo técnico (Ribeiro, 1992, p. 86-115; Veiga, 2006, p. 36-38).

Entre 1931 e 1932, realizou-se a **Reforma Francisco Campos**, a qual organizou o regime universitário e o ensino superior e contribuiu para a fundação da primeira universidade brasileira, em 1934: a Universidade de São Paulo. Nela, também surgiu a Faculdade de Filosofia, Ciências e Letras, a primeira a funcionar conforme a reforma e a ter a Didática como disciplina nos cursos de formação de professores, segundo a convicção de que qualificar o magistério era necessário para renovar o ensino. Ainda em 1934, promulgou-se a nova Constituição, com a qual se buscou aliar os interesses dos tradicionalistas e dos escolanovistas, o que conferiu à educação um caráter contraditório, porém de equilíbrio entre as duas influências (Ribeiro, 1992, p. 91-105; Veiga, 2006, p. 36-38).

Entretanto, em 1937, com o golpe de Estado dado por Getúlio Vargas, o regime ditatorial esfriou os debates educacionais, e o reconhecimento dos profissionais de educação passou a estar relacionado às posições políticas que ocupavam (Ribeiro, 1992, p. 105-117; Veiga, 2006, p. 37).

Ainda na década de 1930, conforme Bittencourt (2008, p. 67), presenciou-se no Brasil a consolidação de uma memória histórica nacional e de uma consciência patriótica, ambas promovidas pelo Ministério da Educação. Com isso, houve uma rígida **centralização dos conteúdos** escolares, eliminando-se os aspectos regionais que caracterizavam o que era ensinado anteriormente, principalmente em História. Nesse período, foi retomado fortemente, por exemplo, o culto a Tiradentes como herói nacional.

Com o fim do Estado Novo, houve poucas mudanças no campo da didática e em sua concepção. Nesse momento, a didática ainda se concentrava mais nos processos metodológicos do ensino e menos nos mecanismos e nas formas de aprendizagem (Veiga, 2006, p. 39).

A pedagogia adquiriu, de 1960 a 1968, um aspecto mais **tecnicista**, como resultado da permanência dos militares no poder e de sua administração tecnocrata, principalmente após o golpe de 1964. A base dessa concepção era a ideia de uma neutralidade científica somada à crença na racionalidade, na eficiência e na produtividade, características que permeavam o discurso do governo militar. Essa caracterização também estava presente na didática, que buscava a eficácia e a eficiência no processo educativo, tornando-se, com isso, parte formal do ensino. A didática e o planejamento se baseavam em materiais institucionais, como o livro didático, e determinavam o que alunos e professores deveriam fazer e como e quando o fariam. A posição do professor era a de mero executor de diretrizes e estratégias de ensino, de aplicador de exames e, muitas vezes, de planos não elaborados por ele ou concebidos conforme regras predeterminadas. A didática, então, tornou-se um meio para alcançar os resultados previstos e planejados, em um contexto no qual quem a executava não era quem a planejava (Veiga, 2006, p. 40-41).

Portanto, durante muito tempo, no Brasil, o ensino de História foi bastante rígido e pouco preocupado com a realidade do aluno. Assim, tratava-se de uma História desvinculada da percepção do estudante, imposta pelas autoridades – que incluíam desde o Estado até o professor – e ensinada por meio de uma didática pouco flexível, tal como ilustra a charge da Figura 1.3: um ensino que busca incutir a História à base de marteladas.

Figura 1.3 – A (re)escrita da História e uma didática "a marteladas"

Fonte: ANGELI, 2010.

Após 1974, com o início da lenta abertura política do Brasil, começaram a surgir estudos educacionais críticos ao modelo implantado desde 1964. Uma dessas correntes, chamada por Veiga (2006, p. 43-44) de *crítica* ou *dialética*, visava a uma educação mais voltada ao **social**, posicionada contra aquilo que denunciava ser uma escola que buscava reproduzir a estrutura social vigente. Para Veiga (2006, p. 44), essa corrente valorizou os aspectos políticos da educação em detrimento dos elementos didáticos e pedagógicos. Com isso, a didática adquiriu contornos sociológicos, filosóficos e históricos, deixando em segundo plano o aspecto técnico. Essa concepção chegou até mesmo a desacreditar a importância da didática como recurso essencial ao professor (Veiga, 2006, p. 42-43).

A partir da década de 1980, a educação deixou de se centrar somente no professor ou no aluno e passou a ser compreendida como um processo mais integrado e voltado para a **formação humana** e para a realização do indivíduo como ser social. Os projetos que surgiram nesse momento correspondiam à pretensão de se constituir uma escola mais crítica. Desse modo, a didática começou a ser concebida como um estudo e uma prática que vão além dos métodos e das técnicas e que buscam associar a escola com a sociedade, o conteúdo com a forma, o ensino com a pesquisa e a avaliação e o professor com o aluno. Essa concepção renovada da didática trouxe ao professor a consciência de que as atividades de ensino e aprendizagem devem estar mais associadas à realidade educacional na qual ele atua, considerando-se sempre as relações entre o que se ensina e o contexto dos alunos e da escola (Veiga, 2006, p. 44).

Portanto, ao longo do século XX, com alguns recuos, emergiu e fixou-se uma **concepção crítica** da didática, que não restringe mais o professor aos limites da sala de aula e o obriga a refletir sobre suas estratégias de ensino e as situações de aprendizagem que promoverá com seus alunos. Tais reflexões devem ser permanentes e concomitantes à formação docente, que é contínua. Essa nova concepção de didática também leva o professor a entender que não há uma fórmula nem uma receita infalíveis para a atividade pedagógica, cabendo a ele, como agente crítico da educação, tornar o conteúdo disponível a todos os alunos, perceber as contradições da sociedade e usá-las como situações de aprendizagem também críticas, contextualizadas e socialmente relevantes (Veiga, 2006, p. 44).

Essa concepção crítica da didática, vigente na atualidade, condiz com o que o ensino de História visa propiciar, ou seja, a formação de uma visão crítica do mundo e da sociedade. No caso dessa disciplina especificamente, trata-se de formar uma visão crítica baseada na temporalidade e nas diferenças que ela produz. O desafio do professor é, atualmente, levar os alunos a participar da construção do conhecimento e da produção da História.

Síntese

Neste capítulo, destacamos que a didática da História consiste na reflexão sobre os métodos utilizados para ensinar e aprender História, considerando os aspectos da relação professor-aluno, que é mais complexa do que uma simples definição deste como sujeito que ensina e daquele como sujeito que aprende.

Na sequência, buscamos lembrar que o conhecimento histórico é particularmente complexo, pois a denominação *História* pode referir-se tanto àquilo que já aconteceu quanto ao trabalho dos historiadores de seleção e recorte das fontes disponíveis do passado com vistas à (re)construção da História.

Sendo um dos princípios didáticos justamente tentar aproximar o conteúdo a ser ensinado daquilo que os alunos já conhecem e de sua realidade, mostramos que a História encontra uma dificuldade particular, pois é uma disciplina que trata do passado e, muitas vezes, de uma realidade distante da conhecida pelos alunos. Alternativamente, propusemos que se pense o ensino de História como uma forma de os alunos refletirem sobre a sociedade em que vivem para compreendê-la melhor.

Essa proposta didática é relativamente recente, formulada ao longo do século XX, tendo substituído uma tradição iniciada com os jesuítas, calcada em um ensino embasado na memorização e em uma proposta didática metodologicamente rígida e regrada. O ensino também era feito unilateralmente, centrado no professor como agente que forma os alunos, considerados meros receptores. Após a Independência do Brasil, a essa estrutura de ensino foi acrescentada a finalidade de formação cívica. Estudar a história do Brasil era, portanto, compreender o processo de formação da nação e desenvolver a consciência do que é ser brasileiro.

Finalizamos nossa abordagem ressaltando que foi somente em meados da década de 1980 que a didática conseguiu consolidar-se plenamente como um campo profissional, deixando de ser tão somente um espaço orientado pelas disputas político-partidárias e pelos interesses das autoridades políticas. Essa mudança também trouxe novas reflexões sobre o ensino de História, de modo a pensá-lo criticamente e no contexto de um concepção em que os alunos são tomados como agentes da produção do conhecimento histórico.

Indicações culturais

Filmes

ENTRE os muros da escola. Direção: Laurent Cantet. França: Sony Pictures Classics; Imovision, 2008. 128 min.

O filme retrata diversas situações com as quais os professores se deparam em suas atividades. Narra a história de um professor em uma escola na periferia de Paris e as dificuldades que ele encontra para atrair o interesse dos alunos diante da realidade complexa e desmotivadora que vivem.

O CLUBE do imperador. Direção: Michael Hoffman. EUA: Universal Pictures, 2002. 109 min.

O filme possibilita refletir sobre as questões envolvidas no processo de ensino-aprendizagem, sobre as dificuldades éticas existentes na atividade de ensino e sobre as responsabilidades do professor em relação aos alunos, até mesmo após o fim da atividade escolar e na vida adulta destes.

Revistas

EDUCAÇÃO E PESQUISA. São Paulo: USP, 1999-. Disponível em: <www.educacaoepesquisa.fe.usp.br/>. Acesso em: 5 jul. 2019.

É fundamental que os professores sempre busquem conhecer novas reflexões sobre a didática, sobre o ensino e sobre a aprendizagem da História. Para isso, as revistas acadêmicas da área são boas fontes. A revista *Educação e Pesquisa*, da Faculdade de Educação da Universidade de São Paulo (USP), publica artigos sobre educação desde 1975, mas com essa denominação desde 1999. Nela, é possível encontrar artigos diversos de cunho teórico ou empírico, relacionados aos diferentes níveis educacionais.

EDUCAÇÃO EM REVISTA. Belo Horizonte: UFMG, 1985-.
Disponível em: <http://educacaoemrevistaufmg.com.br/>.
Acesso em: 5 jul. 2019.

Outra revista interessante é *Educação em Revista*, ligada ao Programa de Pós-Graduação da Faculdade de Educação da Universidade Federal de Minas Gerais (UFMG). O periódico, lançado em 1985, também publica artigos sobre educação.

REVISTA BRASILEIRA DE EDUCAÇÃO. Rio de Janeiro: Anped;
Zeppelini, 1995-. Disponível em: <http://www.anped.org.br/site/rbe>. Acesso em: 5 jul. 2019.

A *Revista Brasileira de Educação,* da Associação Nacional de Pós-Graduação e Pesquisa em Educação (Anped), divulga documentos oficiais e leis relacionadas à educação. Também é dedicada à publicação de artigos na área, com o objetivo de promover o intercâmbio nacional e internacional entre os pesquisadores da educação.

Atividades de autoavaliação

1. Indique se as afirmações a seguir são verdadeiras (V) ou falsas (F) no que se refere à didática.
   ( ) A didática trata exclusivamente do ensino da História.
   ( ) A didática é uma das partes da pedagogia e compreende os processos de ensino e aprendizagem.
   ( ) A didática consiste, atualmente, em um processo desarticulado da realidade social dos alunos e visa à fixação simples dos conteúdos.
   ( ) A didática da História é como a didática aplicada a qualquer outra disciplina, ou seja, não apresenta especificidades.
   ( ) A didática da História tem suas particularidades, que decorrem do entendimento da História como conhecimento do passado.

Agora, assinale a alternativa correspondente à sequência obtida:
a) F, V, F, V, F.
b) V, V, V, V, F.
c) V, V, F, F, V.
d) F, V, F, F, V.
e) F, F, F, V, F.

2. Assinale a alternativa correta a respeito do ensino e da aprendizagem:
   a) O ensino e a aprendizagem independem um do outro.
   b) O ensino cabe exclusivamente ao professor, e a aprendizagem cabe ao aluno.
   c) O professor só deve preocupar-se com a atividade de ensino, pouco devendo refletir sobre a aprendizagem.
   d) O conteúdo a ser ensinado deve ser aproximado daquilo que os alunos já conhecem, de modo a facilitar a aprendizagem.
   e) O ensino e a aprendizagem não se relacionam com os aspectos sociais e culturais dos alunos.

3. Assinale a alternativa correta no que se refere ao ensino de História:
   a) A História é uma disciplina sem grandes complexidades e, por isso, sua didática é simples e não requer esforços.
   b) A distância temporal, que é a base do conhecimento histórico, é um elemento facilitador para realizar a aproximação dos novos conteúdos com o conhecimento que os alunos já têm.
   c) Em virtude da distância temporal, o ensino de História é inviável, já que não há qualquer forma válida de aproximação entre o conhecimento dos alunos e os novos conteúdos.

d) Estudar História é bastante simples, pois seu objeto é o presente e, por isso, bastante próximo da realidade do aluno.

e) É preciso conhecer a estrutura cognitiva dos alunos e identificar os pontos com base nos quais é possível desenvolver novos conteúdos.

4. Associe corretamente cada período histórico e/ou corrente educacional à respectiva explicação.

A – Estado Novo e Escola Nova
B – Brasil colonial e Educação jesuítica
C – Ditadura militar e ensino tecnicista
D – Pós-Independência e Brasil imperial

I) Vigorava uma concepção cristã de História. Caracterizava-se pela defesa de um homem universal, detentor de uma essência divina, pela opção por aulas expositivas e pelo incentivo à memorização. A didática era um conjunto de normas que o professor deveria seguir.

II) A concepção de História era marcada pela ideia de progresso, com forte influência iluminista, cabendo aos esclarecidos iluminar o restante da sociedade. Havia a crença de que a História revela um processo de formação da nação e da conquista da civilização. Por isso, o professor era tido como um portador da verdade universal. A didática consistia em um conjunto de métodos objetivos por meio dos quais se visava à obtenção da ordem e da disciplina em sala de aula.

III) A educação tornou-se objeto de debates públicos e políticos. Surgiram os primeiros profissionais da educação, e a didática tornou-se uma disciplina do ensino superior, merecendo uma reflexão própria e dedicada. A educação, portanto, adquiriu autonomia e começou a ser vista como uma força com potencial para alterar a sociedade. Surgiu uma vertente que, contrapondo-se ao ensino tradicional, valorizava os alunos e suas particularidades, porém defensora do princípio de que o problema educacional é essencialmente escolar.

IV) Havia uma crença na neutralidade científica e na racionalidade, entendimento que permeou também a concepção educacional, a qual, dessa forma, assumiu um discurso de eficiência e produtividade. Era uma educação essencialmente tecnocrática. A didática articulou-se como uma tecnologia do ensino, pautando-se igualmente nos conceitos de eficácia e eficiência, pois buscava alcançar metas predefinidas. O professor era um executor de diretrizes educacionais.

Agora, assinale a alternativa que indica o resultado obtido:

a) I-A; II-C; III-B; IV-D.
b) I-B; II-D; III-A; IV-C.
c) I-B; II-C; III-D; IV-A.
d) I-B; II-A; III-C; IV-D.
e) I-A; II-D; III-C; IV-B.

5. Assinale a alternativa correta com relação às concepções mais atuais de didática e História:
   a) A História busca revelar os desígnios divinos. Para compreender essa complexidade, exige-se dos alunos uma rigidez nos horários e nas formas de estudo, além de uma grande erudição.

b) O ensino de História deve ser sempre individual, já que o relacionamento social e a troca de impressões e informações pouco contribuem para formação da consciência histórica dos alunos.

c) Como a História consiste no estudo dos elementos da formação da nação, os alunos devem aprender por meio da repetição e da memorização. Os métodos didáticos devem propiciar os meios e a disciplina para atingir essas finalidades.

d) Como o conhecimento histórico não se renova, não cabe promover uma educação crítica, mas somente propiciar os meios para que os alunos conheçam tudo o que já se passou. Esse é, portanto, o papel da didática.

e) A concepção de didática é renovada e considera o ensino e a aprendizagem associados ao contexto dos alunos e da escola. Nesse sentido, há uma visão mais crítica e plural da História, a qual é articulada à realidade dos educandos.

Atividades de aprendizagem

Questões para reflexão

1. Tente lembrar-se de suas aulas de História na escola. Quais foram os conteúdos que mais o marcaram? Você sabe apontar o motivo? Foi algum interesse específico presente naquele período que chamou sua atenção para esses assuntos? Agora, imagine como você trabalharia esse conteúdo com um aluno na fase da adolescência. Será que os interesses dele são os mesmos que os seus naquela época? Como aproximar-se da realidade dos jovens de hoje? Anote suas conclusões e compartilhe com seu grupo de estudos.

Fabio Sapragonas Andrioni

2. Para você, para que serve o ensino de História? Qual é a importância de conhecer o passado? Converse com outras pessoas e procure saber a opinião delas a respeito do passado e da História.

Atividade aplicada: prática

1. Ao longo do capítulo, apresentamos um exemplo de como aproximar um conteúdo histórico (aspectos da sociedade romana) da estrutura cognitiva dos alunos por meio da articulação com a realidade deles, discutindo a situação da mulher e do homem. Agora é a sua vez! Elabore dois exercícios de aproximação de conteúdos, detalhando as possibilidades de aplicação.

Capítulo 2
Recursos didáticos

Neste capítulo, abordaremos os recursos didáticos. Inicialmente, buscaremos conceituar esses objetos e mostrar que podem envolver desde recursos bastante simples, como a própria fala, a lousa e o giz, até outros mais elaborados, como um jogo ou a produção de um material para veiculação em uma plataforma de compartilhamento de vídeos. Depois, apresentaremos algumas diretrizes para a elaboração, a adaptação e a proposição de recursos didáticos. Por fim, analisaremos alguns casos específicos na disciplina de História e definiremos os elementos que devem orientar a produção de recursos didáticos para o ensino de História.

(2.1)
Recursos didáticos: conceitos gerais

Recursos didáticos são os materiais utilizados nas atividades de ensino e aprendizagem. Eles devem estimular e despertar o interesse dos alunos, aprimorar os mecanismos pedagógicos, facilitar o processo de aproximação dos novos conteúdos com os conhecimentos prévios dos discentes, tornar os conteúdos mais dinâmicos e atraentes, propiciar situações de interação e auxiliar na fixação dos conteúdos ao evidenciar suas possibilidades de aplicação. Portanto, uma das principais funções dos recursos didáticos é indicar como o conhecimento novo relaciona-se com a realidade cotidiana (Santos; Belmino, 2013, p. 3-4).

Que recursos didáticos você conhece? Eles são muitos e variados. Pensando-se em uma sala de aula, os exemplos mais tradicionais são a lousa, o giz e o livro didático. A inserção de novos recursos, além dos corriqueiros, desperta nos alunos curiosidade, indagações e, muitas vezes, vontade de interagir. Esse tipo de atitude cria um ambiente de socialização e de interação entre os alunos (Santos; Belmino, 2013, p. 4).

Os recursos disponíveis ao professor para o processo de ensino são diversos, e seu uso envolve várias etapas. No ensino presencial, por exemplo, o plano de aula deve indicar as estratégias que serão desenvolvidas e empregadas para trabalhar determinado conteúdo, e essas formas podem ser bastante diversificadas, das mais tradicionais às mais inovadoras. Você consegue pensar em algumas? A fala, ou seja, a maneira como o professor expõe o conteúdo, já é um elemento didático e, por isso, deve ser pensada e planejada. Outros elementos são a lousa e as cores diversas de giz, o uso de imagens e as atividades propostas para os alunos, individual ou coletivamente, em sala de aula ou fora dela. Enfim, essas orientações básicas do planejamento de aula devem estender-se para a elaboração de outros recursos didáticos. Independentemente da forma escolhida, ela deve sempre ser justificada conforme a concepção didática utilizada. É preciso ressaltar, ainda, que, como mencionamos no primeiro capítulo, não existe uma única forma predeterminada, ou a melhor, para cada conteúdo.

É fundamental considerar também que o professor precisa ser sensato ao selecionar e aplicar os recursos didáticos, de modo que eles não se tornem somente adornos na dinâmica das aulas.

Neste ponto, convém lembrar que, desde a abertura política e o processo de retomada da liberdade de expressão pelo qual o Brasil passou na década de 1980, novas maneiras de pensar a educação e a História começaram a aparecer. A escola, durante a ditadura militar, desenvolveu um estilo de aula de História que privilegiava a reprodução e a memorização de nomes, datas e acontecimentos. Essa é a experiência de ensino com a qual, provavelmente, a maioria dos estudantes e dos docentes brasileiros já vivenciou. Ela é unilateral, parte do professor para os alunos e compreende a História como uma disciplina essencialmente "decorável" (Bittencourt, 2008, p. 67-72). Quando tivemos esse tipo de ensino, quantas vezes fomos desconsiderados em nossa individualidade? Isso ocorre pela crença de que os alunos são tábulas rasas, sobre as quais podem ser despejados quaisquer conteúdos, não havendo a preocupação em diversificar as situações de aprendizagem (Perrenoud, 2000).

Os recursos didáticos devem promover situações de aprendizagem variadas. Contudo, essa variedade não deve ser pensada somente em termos de número, mas também, e principalmente, em termos de qualidade. Isso significa que é preciso elaborar atividades que sejam suficientemente complexas para permitir que a diversidade de alunos interaja com elas de forma plural. Portanto, não se devem conceber recursos que propiciem situações de aprendizagem fixas. Essa percepção obriga o professor a revisar frequentemente para quais finalidades servem os recursos utilizados e se estão cumprindo os objetivos estabelecidos (Perrenoud, 2000).

Um aspecto a ser considerado quando se elaboram recursos didáticos são os **níveis de ensino**. A forma de elaborar materiais para uma turma de 6º ano do ensino fundamental deve ser diferente da empregada para uma turma do 2º ano do ensino médio ou mesmo do ensino superior. Outro fator que deve ser observado é a **natureza da instituição** em que se está trabalhando e o perfil dos alunos. Há situações em que os estudantes não se sentem atendidos pela escola que frequentam, em razão de terem de lidar até com dificuldades em aspectos básicos, como a presença de goteiras na sala de aula. Por outro lado, há instituições que dispõem de bastantes recursos, os quais, todavia, os professores e os alunos demonstram, muitas vezes, não saber aproveitar totalmente. Há também, em uma mesma instituição, diferenças entre os alunos dos turnos da manhã, da tarde e da noite, além de diferenças relativas aos propósitos que eles têm. Para alguns alunos, o ensino é apenas um meio para alcançar determinado objetivo, por exemplo, uma aprovação no vestibular. Para outros, o ensino não se reveste de nenhum significado, pois não vislumbram uma etapa além. Há, ainda, aqueles que, ao se formarem em algum nível do ensino, concretizam um sonho.

Todas essas diferenças resultam em **motivações** distintas. Os recursos didáticos, então, também têm a função de motivar os alunos, como mencionamos no início desta seção. Muitas vezes, independentemente do nível ou do turno, um aluno se sente forçado a estar em algum processo de educação pela família, por obrigações sociais ou por um objetivo profissional. É fundamental, pois, elaborar os recursos didáticos com vistas a despertar nos alunos a vontade de estudar, objetivo que se soma, evidentemente, ao interesse em promover o ensino e a aprendizagem. Ao professor cabe também buscar meios para se motivar, pois um educador desmotivado pode desestimular os alunos e, como na tirinha da Figura 2.1, ser cobrado por isso. Portanto, a motivação que o professor deve despertar nos alunos não deve estar restrita à busca de uma nota maior na avaliação. É preciso ressaltar que a preocupação com a motivação docente também deve ser compartilhada pelas instituições e pelos responsáveis pela organização do ensino, de modo que se possa evitar, por exemplo, que o professor fique sobrecarregado – tal como o da tirinha – com o acúmulo de avaliações e tarefas extraclasse.

Figura 2.1 – As (des)motivações de alunos e professores

Fonte: Patto; Chaves, 2009.

Um direcionamento possível para guiar a atividade de elaboração de recursos didáticos em História consiste em questionar qual é a finalidade de estudar essa disciplina. Uma possibilidade de resposta é: conhecer seu passado. No entanto, *passado* e *História* não são conceitos sinônimos (Jenkins, 2001). Se a História é a produção do conhecimento sobre o passado, muitas vezes sem considerar a realidade dos alunos, cabe perguntar: A História estudada sempre remete ao passado dos alunos? Em outras palavras, ao estudarem História, os alunos estão conhecendo o passado deles? Esta é uma questão subjetiva. O que os alunos conhecem em uma aula ou em um material de História é uma apreensão do passado com a qual eles nem sempre se identificam. Tornar a História mais próxima dos alunos permite que eles sintam o processo histórico como parte de si.

Aceitar essa premissa e incorporá-la no planejamento e na elaboração dos recursos didáticos para o ensino de História é um caminho. Como os Annales[1] já indicaram, a História sempre parte do presente,

---

1   A Escola dos Annales, de origem francesa, foi um dos principais movimentos historiográficos do século XX. Propôs várias das bases do que até hoje pratica-se como historiografia.

ou seja, de algo que hoje nos é importante. Entretanto, na sociedade existem interesses variados e, portanto, legitimações diversas a serem buscadas, e os alunos são reflexos dessa pluralidade.

Ensinar História é algo complexo, pois existe o risco de expor determinado recorte com o qual os alunos podem não se identificar e, com isso, levá-los a não se interessar pelo assunto. Portanto, o ensino deve estar voltado para a realidade e o contexto dos alunos. Uma boa forma de desenvolver esse trabalho é com base no conceito de **história-problema**.

Conforme Reis (2000, p. 73-76), o conceito de história-problema foi uma proposta dos Annales que se opunha à História essencialmente narrativa, reconhecendo que os historiadores escolhem seus objetos no passado para contar a História. A escolha das fontes e a atividade de pesquisa são orientadas pelas questões do presente do historiador. Logo, admite-se que a História é a reconstrução do passado e parte do presente e dos problemas que o historiador vive em seu tempo. Trabalhar por esse caminho permite inserir os alunos na produção do conhecimento da História com base em questões do presente e da vivência deles.

Mas como escolher essas questões do presente? A resposta é: selecionando aquelas que tenham relevância para os alunos. A História, muitas vezes, explica ou legitima determinados aspectos do presente por meio da narração de como se concretizaram ao longo do tempo. Por que, então, não trabalhar com os aspectos que precisam ser explicados ou legitimados para os alunos? Dessa forma, eles tentarão entender a História e sua visão de mundo. Cada aluno poderá conhecer a História à sua maneira, de acordo com o que deseja e precisa entender. Nessa perspectiva, o papel do historiador é orientar e criticar as propostas construídas, ajudando na fundamentação delas.

Cabe considerar ainda que, para desenvolver e utilizar recursos didáticos, é importante respeitar o conhecimento dos alunos e a representação de mundo construída por eles. Assim, a tarefa didática não deve ser destrutiva e agressiva, uma vez que isso poderia ofender e agredir os alunos naquilo que eles constroem como seu mundo. Por isso, os alunos devem ter o direito de se expressar, expondo suas dificuldades e reflexões sem censura. O ambiente de ensino e aprendizagem, apesar de também ser um espaço de discussão e construção de seres políticos e politizados, não é um lugar de proselitismo. O professor não deve, pois, censurar os alunos quando eles expressam alguma opinião que lhe pareça absurda ou que não lhe agrade. Sua tarefa didática é incentivá-los a desenvolver a capacidade de investigar as questões e problematizá-las, mas a decisão final sobre como eles construirão sua visão de mundo e a si mesmos é individual, tendo em vista que envolve fatores que estão além do alcance do professor. O uso dos recursos didáticos, porém, pode fornecer meios mais práticos e interativos para os alunos remodelarem e repensarem o mundo e a visão que têm dele (Perrenoud, 2000).

(2.2)
Critérios para a elaboração de recursos didáticos

Ao elaborar recursos didáticos, o professor deve atender a alguns critérios. Inicialmente, é importante reconhecer para si mesmo e esclarecer para os alunos a justificativa para utilização de tais recursos. No caso dos planejamentos didáticos, é necessário mostrar em minúcias como os recursos e os procedimentos didáticos serão usados para concretizar os planos da aula. Portanto, é preciso apresentar os objetivos imediatos que se pretende alcançar com a aula, a disciplina ou o curso. Nos planos, também é necessário detalhar, na forma de itens e subitens, os conteúdos que serão trabalhados, além de definir os procedimentos de ensino a serem empregados e descrever a organização das atividades de aprendizagem que serão realizadas, individualmente ou em grupos. Para conseguir efetuar tal tarefa, é fundamental considerar a relação e a adequabilidade dos conteúdos com os alunos. Além disso, cabe considerar se alguns recursos didáticos poderão ser utilizados como mecanismos avaliativos da aprendizagem. Todas essas questões apresentam um elemento comum que também deve ser observado: os recursos didáticos são **fatores de motivação** dos alunos e dos professores.

2.2.1 A importância de considerar os alunos e os conteúdos

O principal elemento a ser observado na elaboração de recursos didáticos são os alunos. Portanto, o professor deve considerar as características dos alunos e mapear os conhecimentos deles para desenvolver seu planejamento (Haydt, 2011, p. 76). Um ponto essencial é explicitar o que se pretende e por que se quer realizar determinadas atividades. Ao apresentar um plano de aula ou de disciplina em sala de aula, por exemplo, o professor pode ouvir a opinião dos alunos e colher boas sugestões. Além disso, os alunos se sentiriam mais participantes, e o planejamento didático não seria algo construído unilateralmente (Perrenoud, 2000).

O professor de História, muitas vezes, precisa adaptar ou elaborar recursos didáticos. Para isso, deve considerar alguns aspectos e seguir algumas diretrizes. Primeiramente, ele deve conhecer os alunos para conseguir produzir recursos didáticos efetivos. Além disso, é importante conhecer o conteúdo a ser trabalhado. Conhecendo-se os alunos e o conteúdo, é possível relacioná-los de forma didática.

A multiplicidade de realidades e contextos é proporcional à variabilidade de estruturas cognitivas que participam do processo educativo. Isso significa que o professor deve considerar que os alunos detêm um conjunto prévio de conhecimentos, que não são necessariamente acadêmicos ou escolares, mas provenientes do senso comum, de coisas aprendidas na prática do trabalho, na vivência familiar ou por meio da obtenção de informações de forma fragmentada na mídia, com amigos ou na internet (Perrenoud, 2000).

2.2.2 Recursos didáticos como avaliação

Os recursos didáticos também podem ser avaliativos. Uma avaliação não consiste somente na aplicação de uma prova ou de um exame para atribuir uma nota. Mais do que isso, é uma forma de acompanhar e controlar o desempenho dos alunos e os resultados obtidos nas situações de aprendizagem propostas. Na avaliação, também é preciso levar em consideração os alunos individualmente. Às vezes, a turma apresenta um bom desempenho, e algum aluno, individualmente, pode atingir um nível abaixo do alcançado pelo grupo. Isso significa que se devem respeitar o tempo e as peculiaridades de aprendizado de cada um. Por isso, o planejamento dos recursos didáticos deve ser adaptável e condizente com a progressão do grupo (Perrenoud, 2000).

No processo de avaliação, é necessário entender que o erro faz parte do processo de aprendizagem e, por isso, não pode ser proibido nem sujeito à punição. Por outro lado, o erro não deve ser uma constante, pois isso poderia causar desestímulo. Imagine a dificuldade de motivar um aluno que, por mais que tente, sempre erra. Por outro lado, o acerto constante também pode tornar-se um problema. Qual seria a reação de um aluno ao se deparar com um fracasso depois de sempre acertar? Essa situação pode abalar de maneira grave a confiança do aprendiz e desmotivá-lo. Agora, calcule a sensação de um aluno que, durante o bimestre, fez todos os exercícios, dedicou-se ao estudo do conteúdo, participou ativamente das aulas e das atividades e, na prova, encontra uma situação que foge totalmente daquilo que aprendeu e, ainda mais, não consegue entender em que e como errou. Esse aluno provavelmente se desmotivaria. Por isso, a dosagem entre atividades muito difíceis e complexas e atividades mais simples deve levar em conta todos esses aspectos, de modo a não motivar somente os alunos que apresentam melhor desempenho (Perrenoud, 2000).

2.2.3 Recursos didáticos como fator de motivação

Um elemento que colabora para o bom encaminhamento das atividades didáticas é a empatia. O profissional de História que trabalha com o ensino não deve esquecer que foi e ainda é um estudante. Ele ainda está aprendendo. No passado, ele também foi um aluno, sem o domínio do conhecimento específico que detém atualmente. Nesse sentido, o docente deve colocar-se no lugar dos alunos e perceber que eles, muitas vezes, têm dificuldade para entender o conteúdo, assim como pode ter tido no passado ou ainda ter (Perrenoud, 2000).

O professor deve, ainda, procurar lembrar-se de sua época de escola, quando nem sempre estava motivado. Isso pode conscientizá-lo de que os alunos, não raro, estarão indiferentes e, com frequência, sentirão que estão na escola ou em um processo de ensino não por vontade própria, mas por obrigação. Portanto, não se pode esperar que eles estejam sempre motivados e prontos para o processo de ensino (Perrenoud, 2000).

Tradicionalmente, o elemento que mais motiva os alunos é a nota. Há também outras motivações menos didáticas, como o risco de perda de estima por parte do professor ou da sociedade ou a situação de ameaça para o futuro decorrente de um mau desempenho na escola (Perrenoud, 2000).

Um questionamento importante que o docente deve fazer é: Como elaborar recursos didáticos quando há alunos que apresentam um desempenho muito inferior ao do restante do grupo? Esses alunos não podem sentir-se excluídos, o que pode acontecer quando começam a receber um tratamento particular. Uma forma de lidar com essas situações é conversar com outros profissionais e buscar soluções cooperativas. Outro caminho é ter um cuidado didático maior, propondo-se o uso de outros recursos didáticos que atendam a uma diversidade de competências. É importante desenvolver a comunicação e um senso de empatia que permitam a percepção de que os alunos, na condição de seres humanos, têm medos, objetivos e desejos. O professor deve, então, buscar as melhores maneiras de proceder quando os alunos apresentam alguma dificuldade de aprendizado (Perrenoud, 2000).

Um modo de enfrentar esses fatores de desestímulo é utilizar recursos didáticos que desenvolvam o prazer pelo aprendizado. Os alunos, invariavelmente, durante o processo de aprendizagem, vão deparar-se com dificuldades e com a sensação de fracasso. O professor precisa tornar a aprendizagem algo prazeroso e divertido e mostrar aos alunos que aprender é importante e satisfatório, por mais complicados que sejam os desafios. Os recursos didáticos podem ser um bom meio para atingir esse propósito, a fim de que os alunos constantemente reforcem a decisão de aprender e alimentem seu desejo pelo conhecimento. Nessa perspectiva, é crucial que o professor atente para o tipo de abordagem que os alunos preferem, os períodos históricos que mais chamam a atenção deles e o tipo de relação que estabelecem entre o que vivem e a História (Perrenoud, 2000).

É difícil propor situações de aprendizagem que funcionem para todos. Isso, especialmente, porque o professor, muitas vezes, tem de lidar com uma grande quantidade de alunos de uma só vez, cada um com uma personalidade própria. Uma maneira de contornar esse problema é o trabalho em grupo e o incentivo às interações sociais e ao ensino mútuo, pois isso exige que os alunos trabalhem cooperativamente e que se desenvolvam, dentro do grupo, conflitos sociocognitivos, que os obrigam a se confrontar com outros pensamentos e maneiras de encarar o mundo. O segredo de um trabalho em equipe é que a dinâmica formada estimule a cooperação – sem a definição de um integrante que deve mandar, ao ponto que aos demais cabe obedecer – e incentive todos a atuar de modo a entrar no ritmo do grupo (Perrenoud, 2000).

Entretanto, é preciso ter a consciência de que essas atividades não são mágicas nem infalíveis. Hoje, os diversos meios de comunicação e as várias mídias existentes influenciam alunos de diferentes faixas etárias. O cinema, a TV, a internet, os celulares e os jogos eletrônicos estão sempre apresentando algo de novo e exigindo que os jovens estejam sintonizados com o que há de mais recente no universo do entretenimento e da informação. Há, ainda, a variedade de linguagens provenientes de todos esses meios. Diante disso, a mera exposição de um conteúdo distante da realidade dos alunos, como no caso da História, utilizando-se apenas a lousa ou textos impressos, pode tornar-se algo muito desinteressante.

Na Figura 2.2, por exemplo, é possível ver a solução exagerada – e, por isso, cômica – que se encontrou para tentar prender a atenção dos alunos: fazer com que o educador pareça estar em uma televisão. Assistindo a tudo por trás da porta, uma pessoa explica a outra: "...É um pouco incômodo, porém é a única forma de as crianças prestarem atenção durante a aula".

Figura 2.2 – As dificuldades de conquistar a atenção dos alunos

O profissional de História, todavia, não deve temer a concorrência dos meios eletrônicos, mas usá-los a seu favor. Com os recursos gráficos e de multimídia, é possível produzir conteúdos didáticos diversos, que se constituam em uma alternativa aos materiais didáticos tradicionais. Quando efetivos, esses recursos podem ampliar o tempo dedicado às atividades e aos estudos. Isso, no entanto, não significa que se devam utilizar sempre esses recursos, como os vídeos que podem ser encontrados nos canais do YouTube.

Convém procurar saber do que os alunos gostam, o que consomem e o que aprendem com esses conteúdos. É importante que o educador conheça essas preferências dos estudantes, para entender minimamente as referências de linguagem e de recursos comunicativos disponíveis e utilizados pelos alunos. Com isso, também ficará mais fácil elaborar outros recursos. É possível usar vídeos e músicas ou explorar temas que são constantemente abordados pela mídia ou, ainda, utilizar documentos de épocas passadas para desenvolver conceitos e propor a discussão de problemas que, de alguma forma, remetam a algo que eles conheçam ou seja de seu gosto.

Neste ponto, já deve ter ficado evidente a dificuldade da tarefa didática, pois o docente não deve ter apenas o domínio da matéria que ensina, mas também o conhecimento de teorias pedagógicas e outros saberes que apontem os elementos e as ferramentas necessárias para construir os recursos didáticos, de forma a abranger a realidade e as expectativas dos alunos. Portanto, o professor de História deve sempre se motivar a estudar os diferentes recursos disponíveis.

Esse conhecimento também pode auxiliá-lo a improvisar quando uma situação inesperada acontece, o que não é raro. Por exemplo, uma aula pode ser planejada com o uso de determinado recurso, mas, no dia em questão, ele pode não estar funcionando ou disponível. Outra situação possível é fazer uma programação que envolve a utilização de um recurso bastante motivador, que, todavia, não se mostra efetivo ou aplicável por problemas que não estão sob o controle do professor, como chuvas, greves de transporte público ou conexão ruim da internet.

(2.3)
Recursos didáticos em História

Uma das questões mais incisivas com a qual o professor de História se depara diz respeito à **utilidade** daquilo que ensina. Esse critério de utilidade está ligado tanto aos aspectos mais práticos da vida como aos aspectos profissionais. Por exemplo, no mundo atual, parece mais evidente a utilidade de aprender multiplicação e porcentagem do que conhecer os grupos que estiveram no poder durante a Revolução Francesa. Porém, não se pode esquecer que as discussões políticas atuais no Brasil são um manancial valioso para desenvolver o trabalho no campo das humanidades, inclusive na História. O momento atual do mundo e, particularmente, do Brasil revela a importância de estudar e conhecer as ciências sociais e humanas.

Assim, um dos trabalhos do professor de História é justamente mostrar que não se deve ter somente esse critério de utilidade ao discutir quais conteúdos devem ser aprendidos e que é importante promover uma aprendizagem desinteressada, fomentando-se a **vontade de aprender, de descobrir e de investigar**, individualmente e em grupo. Cabe ao professor desenvolver o gosto pelo debate e pela conversa, e a História é valiosa nesse sentido, pois nela podem ser examinados processos críticos vividos no passado buscando-se estabelecer relações com o mundo atual.

2.3.1 Fontes históricas produzidas pelos alunos

Um recurso didático que pode ser utilizado é a produção pelos alunos de fontes que estejam ligadas à sua realidade social, familiar ou cultural. Inicialmente, deve-se pedir aos alunos que, mediante pesquisa, recolham fontes variadas para fazer o trabalho de **análise histórica**. Essas fontes devem ser materiais a que eles tenham fácil acesso, por exemplo, algo de que dispõem em casa. Se a atividade for em grupo, é interessante que seja um objeto concreto, para que possa ser compartilhado; porém, essa regra não é fixa. Uma música ou uma história que tenha sido ouvida de um familiar também podem ser fontes históricas significativas. Cabe ao professor orientar os alunos na compreensão desses materiais. A intenção é que eles consigam problematizar o material escolhido como representativo de um tempo.

Com essa atividade, os alunos tentarão entender a própria história e visão de mundo, buscando fazer um contraponto entre a relevância individual e a importância histórica, coletiva e social da fonte estudada. O papel do professor nesse tipo de atividade consiste, em um primeiro momento, em auxiliar os alunos na análise e nos questionamentos acerca da fonte, bem como na tarefa de extrair dela algum conhecimento sobre determinado tempo do passado. Na etapa final da atividade, deve ocorrer a exposição da fonte, que pode ser uma atividade com um grupo de alunos ou a elaboração de um artigo ou vídeo por toda a turma. No caso da atividade em grupos, é possível realizar uma interação entre todos e estabelecer aproximações entre contextos históricos diferentes, de modo a identificar os elementos comuns entre os materiais trazidos pelos alunos.

2.3.2 Delimitação da situação-problema

Ao elaborar recursos didáticos, é importante criar uma situação-problema, isto é, uma questão que instigue a **análise**, a **reflexão** e, principalmente, o **interesse** dos alunos. O que deve pautar essa criação é a relevância social da questão proposta e sua relação com a realidade dos alunos. A situação-problema também deve promover a compreensão de um conceito ou de uma noção importante para a disciplina e para a formação dos alunos.

Como exemplo, podemos citar o conceito de relativismo cultural, o qual é utilizado para ressaltar como as culturas são diferentes. Com base nessa noção, compreende-se que as diversas culturas apresentam diferentes formas de interpretar o mundo e de agir nele. Nessa perspectiva, não se busca afirmar que uma cultura está correta ou errada, mas, ao contrário, atestar as diferenças de umas em relação às outras[2].

Uma situação-problema que poderia ser criada para a abordagem do relativismo cultural refere-se ao tema do preconceito. O trabalho com esse tema é válido primeiramente porque se trata de uma realidade próxima de todos, pois é comum encontrarmos alguém que tenha sido ou se sentido alvo de algum tipo de preconceito, assim como não é incomum que nós mesmos já tenhamos cometido alguma atitude preconceituosa ou dito algo com esse teor. Além disso, estamos em constante contato com esse tipo de manifestação humana nos meios de comunicação e entretenimento, em discussões em redes sociais e canais da internet ou nos lugares que frequentamos no dia a dia. Esse contato repetitivo com o preconceito permite que se introduzam ou se recuperem questões como: "Por que existe preconceito?" ou "Por que ele é mais acentuado com determinados tipos de pessoas?".

---

[2] *Aqui, consideramos o conceito de relativismo cultural aplicado à História, ou seja, trata-se da noção de que diferentes culturas existiram em momentos históricos distintos, tendo cada uma delas sua razão de ser e de existir em um tempo determinado. Entretanto, sabemos que esse conceito é complexo. Para aprofundar um pouco mais essa questão, ainda que de forma introdutória, sugerimos a leitura do livro* Cultura: um conceito antropológico, *de Roque Laraia (2001); do artigo "Etnocentrismo e relativismo cultural: algumas reflexões", de Paulo Meneses (2000), publicado na revista* Síntese; *e do artigo "A contradição entre universalidade da cultura humana e o esvaziamento das relações sociais: por uma educação que supere a falsa escolha entre etnocentrismo ou relativismo", de Newton Duarte (2016), publicado na revista* Educação e Pesquisa.

Aqui, apresentaremos três propostas de trabalho que servem para exemplificar como abordar o tema do preconceito. Elas podem ser realizadas em conjunto ou separadamente. De qualquer forma, as três culminam na discussão final acerca do conceito de relativismo cultural.

Primeiramente, cabe identificar os ganchos para a ancoragem do novo conteúdo. Um caminho para isso é pedir aos alunos que se lembrem de situações de preconceito que já presenciaram. Com isso, eles podem desenvolver uma noção mais geral do que é preconceito, principalmente se essa atividade for feita em grupo. É importante deixar os alunos se manifestarem e construírem seus argumentos e suas ideias. É essencial, ainda, evitar que eles se indisponham entre si. Para isso, é necessário sempre esclarecer e desenvolver o caráter acadêmico e analítico do debate. Como objetivo final dessa análise, pode ser proposta uma pesquisa sobre definições e exemplos de preconceito.

Na disciplina de História, o professor deve abordar o preconceito, independentemente do enfoque escolhido, como um problema histórico, ou seja, que se construiu ao longo do tempo. Assim, deve começar a transpor a questão, que provavelmente estará presa a fatos mais atuais, para outras temporalidades. Isso pode ser feito pedindo-se aos alunos que deem exemplos históricos de preconceito. É possível orientar essa exemplificação para algumas questões consagradas da História, como a perseguição às diversas etnias durante a Segunda Guerra Mundial ou o sistema escravista. Vemos, assim, que os conteúdos e os recursos didáticos para a aprendizagem de História são amplos.

Uma primeira alternativa é abordar o **preconceito religioso** com base em uma notícia ou na análise de algum *site* ou canal do YouTube que seja bastante acessado. Esse material não deve ser muito longo e poderia tratar, por exemplo, da disputa de território entre judeus e palestinos. O conteúdo pode ser acessado pelos alunos em seus celulares ou *tablets* para ser lido ou visto individualmente. No caso do trabalho presencial com um grupo de alunos, o professor pode utilizar os dispositivos móveis em sala de aula. Porém, isso só deve ser feito quando existe um bom domínio da turma e uma relação de confiança entre o docente e os alunos, uma vez que estes facilmente se dispersam ao usar esses dispositivos.

Depois de os alunos assistirem ao vídeo ou lerem o texto, algumas perguntas podem ser feitas, como: "Por que existe a disputa por aquele território?". Na esteira desse questionamento, pode ser introduzido um novo conteúdo, a exemplo da história do povo judeu, que compreende a saída dos judeus, ainda na Antiguidade, da região em torno de Jerusalém, o exílio no Egito, o retorno a Jerusalém e o confronto com os outros povos que lá estavam. É possível abordar a dispersão dos judeus pela Europa e a perseguição pela Inquisição. Por fim, há a possibilidade de analisar a perseguição na Segunda Guerra Mundial e, depois, a criação do Estado de Israel. Assim, seria apresentada a trajetória do povo judeu para, em seguida, retomar a discussão da guerra pelo território. Essa mesma trajetória pode ser feita considerando-se a história dos palestinos[3] ou, ainda, uma comparação entre os dois povos. Nessa aula também seria possível trabalhar, de forma sutil, a questão das origens na História, mostrando-se como é difícil encontrar um ponto originário para entender os processos históricos e como, muitas vezes, a finalidade desse tipo de construção é essencialmente política.

---

3 Para conhecer um pouco mais sobre o tema, sugerimos a leitura das seguintes obras: História da Palestina moderna, *de Ilan Pappé (2007), e* Uma história dos povos árabes, *de Albert Hourani (2001).*

Após o trabalho com esse novo conteúdo, o professor pode retomar a discussão sobre o porquê da guerra por aquele território. Essa atividade pode ser desenvolvida como uma forma de avaliação dos conteúdos aprendidos. Uma possibilidade seria incentivar os alunos a refletir e elaborar argumentações históricas e políticas sobre a razão de cada um dos lados da disputa. Independentemente da proposta, o objetivo é que os alunos desenvolvam uma síntese sobre diferentes períodos históricos e realizem uma atividade crítica e reflexiva sobre uma questão atual e relevante.

Outra alternativa para a abordagem do tema aqui exemplificado é analisar o **preconceito étnico**. Sugerimos selecionar textos curtos e objetivos sobre a questão das cotas ou utilizar algum vídeo disponível na internet. No caso de uma atividade com um grupo de alunos, se o professor não tiver condições de exibir o vídeo durante a aula em razão da falta de recursos ou de tempo, ele poderá indicar o *link* para que eles assistam ao material posteriormente, em seus dispositivos móveis, por exemplo. Na sequência, é o momento de começar a conduzir o estudo para o conteúdo histórico. Uma forma de fazer isso é por meio de uma questão problematizadora, como: "Qual é o principal discurso que justifica a existência das cotas?". Depois de os alunos levantarem hipóteses, pode ser introduzida a questão das cotas como forma de corrigir uma injustiça social histórica: a escravidão de negros africanos. Na esteira dessa abordagem, é possível trabalhar o cotidiano do escravo, as formas de tráfico e a dependência da economia colonial com relação ao trabalho escravo.

Terminada a exposição do conteúdo, os alunos podem pesquisar argumentos favoráveis e contrários às cotas[4]. No caso de um grupo de

---

4   *Para um aprofundamento dessa questão, que é mais complexa, sugerimos a leitura do artigo "Sobre as artimanhas da razão imperialista", de Pierre Bourdieu e Loïc Wacquant (2002), publicado na revista* Estudos Afro-Asiáticos.

alunos, aqueles com posições contrárias podem formar duplas para discutir a questão e apresentar, usando o conhecimento adquirido, uma conclusão sobre o tema e suas justificativas históricas. O resultado do trabalho pode ser apresentado por escrito ou em vídeo. Esse tipo de tarefa, além de servir como avaliação do conteúdo histórico trabalhado, é uma oportunidade para os alunos aprenderem a trabalhar com ideias diferentes das suas e buscar soluções e sínteses para ideias contrárias.

Outra possibilidade é o trabalho com o **preconceito sexual**. Inicialmente, o professor pode disponibilizar algum material, escrito ou audiovisual, sobre o comportamento sexual na Grécia Antiga, por exemplo. Após essa introdução, pode partir para a introdução do conteúdo histórico mais geral, como o referente à sociedade grega. Depois dessa primeira abordagem, é possível desenvolver outra, que privilegie uma comparação entre a nossa sociedade e a sociedade grega. A avaliação pode ser feita em relação a essa capacidade de comparação. Nesse caso, devem ser avaliados os argumentos dos alunos e a forma como encaminharam a discussão conceitual e histórica. Uma alternativa é fazer um debate que envolva um grupo de alunos. Essa atividade ensina a comportar-se adequadamente diante de críticas, bem como a desenvolver a rapidez e a capacidade de construir uma contra-argumentação consistente.

Uma etapa final desse trabalho sobre o preconceito consiste em retomar a questão essencial da situação-problema por trás dessas três abordagens e discutir por que existe o preconceito. Por mais que não se encontre uma resposta satisfatória, deve ficar claro que o preconceito só surge porque existe a diferença. Com isso, é possível dar o primeiro passo para chegar ao conceito que se pretende trabalhar com essa proposta: o de relativismo cultural. Portanto, nesta última discussão, deve ser abordada a questão de como as diferentes formas de ver o mundo, ou seja, como as diferentes culturas, acabam se impondo umas sobre as outras, por diversas maneiras, favorecendo, assim, a formação de preconceitos. Como última avaliação, pode ser cobrado algum tipo de produção dos alunos no qual eles exponham seus pontos de vista sobre o preconceito. O fundamental é que essa análise seja construída com base em sólidos argumentos históricos e ideológicos trabalhados durante as aulas. É possível avaliar também como os alunos articulam a ideia de preconceito com a existência de diferentes formas de ler o mundo ao longo da História, ou seja, com a ideia de relativismo cultural aplicado à História.

(2.4)
A DIVERSIDADE DE RECURSOS DIDÁTICOS EM FACE DAS NOVAS ABORDAGENS EM HISTÓRIA

Empregar recursos didáticos variados não implica abandonar a atenção a datas, nomes e acontecimentos, pois os indivíduos, suas ações e a época em que elas ocorreram são elementos importantes na História. Além disso, como Bittencourt (2008, p. 71) observa, "a crítica feita é contra um tipo de memorização mecânica, do 'saber de cor', da pura repetição, e não contra o desenvolvimento da capacidade intelectual de memorizar".

A memorização faz parte do estudo e do aprendizado da História, porém a necessidade de se lembrar de datas e de acontecimentos não deve resultar em um processo pautado pela punição e pela imposição. A memorização decorre do próprio estudo e para isso contribui uma série de novas abordagens. A **historiografia** e a **teoria da história** podem indicar alguns caminhos. Por exemplo, sabemos que o conhecimento histórico é produzido com base em fontes do passado. No princípio da História como ciência, na Alemanha, os historiadores acreditavam que somente os documentos escritos e oficiais, ou seja, produzidos no âmbito das atividades do Estado, eram fontes confiáveis para a História. O resultado era uma História política de datas e nomes, desconsiderando-se as classes subalternas e os aspectos sociais, culturais e econômicos.

Ao longo do século XX, presenciamos uma ampliação dos interesses dos historiadores. Agora, tudo aquilo que reflete a ação humana ao longo do tempo está investido de um valor histórico. Com isso, áreas mais gerais e específicas passaram a ser de interesse da História. Você consegue se lembrar de alguma delas? Há, por exemplo, a história das instituições, da literatura, da arte, das mulheres, das crianças, do futebol, intelectual, da escrita da História (historiografia), serial, da alimentação e do cotidiano.

Cada um desses campos da História surgiu de novas fontes e também as demandou. Assim, por exemplo, registros de nascimento e de óbito feitos por paróquias, partituras, filmes, revistas em quadrinhos, romances, diários, práticas sexuais, jogos e brincadeiras, súmulas de jogos, uniformes, tratados filosóficos, cartas, obras de História, livros didáticos, registros de preços, cardápios, livros de receitas, rituais religiosos, cerimônias de casamento, enfim, uma série de práticas humanas e seus diversos registros tornaram-se também objetos de estudo do historiador, pois indicam o que os seres humanos faziam e como pensavam em determinada época passada.

Com base nessas abordagens, foi possível começar a trabalhar com novas questões. Passou-se a compreender todos os sujeitos como agentes e participantes da História. Algumas categorias de indivíduos, que até então estavam à margem, começaram a receber atenção, como operários, mulheres, negros e homossexuais (Rago, 1999, p. 76-80). Muitas dessas categorias integram a realidade de diversos alunos e, por isso, conhecer essas perspectivas auxilia o professor a reunir elementos para criar recursos didáticos e situações de aprendizagem mais significativas.

A história das **mulheres**, por exemplo, pode ser uma temática valiosa para a produção de recursos didáticos significativos, pois problematiza a visão tradicional e recorrente na história do Brasil que situa a mulher em um papel de subserviência. Contra essa visão, busca-se revelar os espaços nos quais as mulheres se articulavam em determinado momento histórico. Essa discussão permite refletir sobre o significado dos comportamentos e suas normas, bem como sobre os lugares autorizados e permitidos e aquilo que se considera masculino ou feminino.

A **cidade** também se tornou, com a proposição dessas novas abordagens, um objeto da História. Assim, analisar a cidade em que vivemos é uma atividade que facilmente pode tornar-se objeto de ensino e de aprendizagem e recurso didático. A organização do espaço onde as pessoas vivem, as formas como a população se locomove, a definição de quem frequenta determinados espaços e outras questões são situações-problema significativas para o trabalho na disciplina, uma vez que dizem respeito à realidade dos alunos.

A **linguagem** e as estruturas de enunciado que os alunos utilizam também podem ser analisadas do ponto de vista histórico. As palavras, as gírias e os ditos são produtos de uma temporalidade e são significativos como objetos didáticos, pois se trata de elementos presentes no cotidiano dos alunos.

Portanto, há uma série de novos temas disseminados nos estudos da área que podem ser atrativos para os alunos, permitindo refletir sobre como as formas de se manifestar na sociedade revelam disputas de poder, criam aparências de realidade, classificam e valorizam o social e autorizam ou proíbem determinados comportamentos (Rago, 1999, p. 80). Ao elaborar recursos didáticos que possibilitem extrair da História situações de aprendizagem significativas e que demonstrem diferentes aspectos da realidade para os alunos, o professor consegue mais facilmente destacar os valores cultural, político e social da disciplina.

Síntese

Neste capítulo, mostramos a importância do uso de recursos didáticos para propiciar situações de aprendizagem mais eficientes. Essa eficiência decorre da atenção à estrutura cognitiva e à realidade dos alunos para desenvolver os novos conteúdos. Entre os recursos didáticos, há desde os mais tradicionais até os mais inovadores. Cabe ao professor, portanto, elaborar os mais adequados para cada objetivo, fazendo adaptações quando necessário.

A seleção de recursos didáticos deve ponderar as preferências e as dificuldades dos alunos. Com base no levantamento desses pontos, o professor consegue elaborar, de forma mais assertiva, os diferentes materiais de apoio para desenvolver os novos conteúdos. A função do recurso didático é contribuir para a promoção de uma aprendizagem mais interativa, inclusiva e significativa.

No caso da História, é preciso buscar um equilíbrio entre elementos do passado e do presente dos alunos por meio da identificação e da análise de situações-problema. A historiografia atual permite que o professor elabore diversos recursos que podem problematizar temas históricos no âmbito do ensino e da aprendizagem da História.

Indicações culturais

Livro

FREIRE, P. **Pedagogia da autonomia**: saberes necessários à prática educativa. 43. ed. São Paulo: Paz e Terra, 2011.

Outro importante livro que contribui para a reflexão sobre a atividade didática e de ensino e que poderá orientar a elaboração de recursos didáticos é o clássico *Pedagogia da autonomia*, de Paulo Freire. Nele, o autor indica uma série de requisitos para a constituição de uma atividade de ensino produtiva e crítica.

Revista
REVISTA PSICOLOGIA DA EDUCAÇÃO. São Paulo: PUC-SP, 1995-. Disponível em: <http://pepsic.bvsalud.org/scielo.php?script=sci_serial&pid=1414-6975&lng=pt&nrm=iso>. Acesso em: 5 jul. 2019.

Como meio de se atualizar sobre a pedagogia e a didática, recomendamos a leitura da *Revista Psicologia da Educação*, publicada desde 1995 pelo Programa de Estudos Pós-Graduados em Educação da Pontifícia Universidade Católica de São Paulo (PUC-SP). Há informações valiosas para as áreas de ensino e de aprendizagem, pois existem aspectos psicológicos importantes que dialogam com a didática.

Atividades de autoavaliação

1. Os recursos didáticos são:
   a) todos os materiais que compõem a sala de aula, como as carteiras, as mesas e o uniforme dos alunos.
   b) materiais elaborados somente pelos alunos com a finalidade de participar do processo de ensino.
   c) elementos produzidos exclusivamente pelos professores e não podem ser utilizados em sala de aula.
   d) materiais e elementos empregados para auxiliar no processo de ensino e aprendizagem.
   e) irrelevantes no processo de ensino e só devem ser elaborados como atividades extras.

2. Analise as afirmações a seguir a respeito dos recursos didáticos.
   I) A elaboração de recursos didáticos não precisa levar em consideração os alunos e o conhecimento que eles têm.
   II) Lousa e giz são recursos didáticos tradicionais.

III) Os planos de ensino não devem conter explicações sobre a utilização dos recursos didáticos.

IV) Ao se usarem recursos didáticos, devem-se evitar a todo custo a participação e a interação entre os alunos.

V) A fala e a escolha das palavras são um recurso didático básico e, por isso, devem ser alvo de cuidado e atenção.

Estão corretas as afirmações:

a) I, III e IV.
b) II, III e V.
c) II e V.
d) I, II, III, IV e V.
e) I, II e III.

3. Quando elabora os recursos didáticos, o professor **não** deve considerar:
   a) a situação atual e a realidade dos alunos.
   b) a faixa etária dos alunos.
   c) o fato de que eles podem ser utilizados para o ensino, para a aprendizagem e para a avaliação.
   d) o fato de que eles podem ter um caráter punitivo, a fim de despertar a participação dos alunos.
   e) o nível educacional e cognitivo dos alunos.

4. Associe corretamente cada tipo de ensino às respectivas características.

   1 – Ensino tradicional
   2 – Ensino renovado

   A – Não há preocupação com a particularidade dos alunos.
   B – A atividade didática é unilateral e parte do professor para os alunos.

C – Busca-se promover situações de aprendizagem variadas.
D – Os principais recursos utilizados são a lousa e o giz.
E – Os alunos são considerados uma tábula rasa.
F – O ensino deve ter como ponto de partida a realidade dos alunos.
G – Os materiais de estudo podem ser propostos pelos alunos.
H – Há incentivo somente à memorização.

Agora, assinale a alternativa que indica o resultado obtido:

a) 1 – A, B, D, E, H; 2 – C, D, F, G.
b) 1 – A, B, E, H; 2 – C, D, F, G.
c) 1 – C, D, F, G; 2 – A, B, D, E, H.
d) 1 – A, B, D, E; 2 – C, F, G, H.
e) 1 – A, B, C, G, H; 2 – D, E, F.

5. Assinale a alternativa que **não** reflete um dos objetivos que o professor pretende alcançar ao elaborar e utilizar recursos didáticos no ensino de História:

a) Possibilitar a compreensão da História com base nos problemas e nas questões do presente.
b) Motivar os alunos a estudar e a buscar o conhecimento.
c) Propiciar somente a memorização de datas, nomes e acontecimentos.
d) Desenvolver o senso crítico e o debate acadêmico e ponderado.
e) Favorecer a compreensão de que a História é o estudo do passado.

Atividades de aprendizagem

Questões para reflexão

1. Enumere os programas de TV, os *sites* e os canais disponíveis em plataformas de compartilhamento de vídeos (como o YouTube) que você conhece e que abordam, direta ou indiretamente, temas da História. Analise a forma como essa abordagem é feita e reflita sobre o tipo de visão de História que se veicula nessas mídias. Que recursos são utilizados para tratar de História? Que desafios ou facilidades essas mídias criam para a atividade do professor?

2. Destacamos que, ao longo do século XX, surgiram novas abordagens para o estudo da História. Quais delas você conhece? Pense em alguns exemplos que poderiam ilustrar como essas novas temáticas podem ser trabalhadas em sala de aula. Que tipos de trabalhos complementares precisariam ser desenvolvidos? Que recursos didáticos seriam empregados?

Atividade aplicada: prática

1. Neste capítulo, destacamos o preconceito como exemplo de situação-problema para o trabalho com o conceito de relativismo cultural. Agora, faça um exercício semelhante: escolha um conceito analisado em História, elabore uma situação-problema e esboce alguns conteúdos e recursos didáticos por meio dos quais seria possível desenvolver o conceito e a situação-problema selecionados.

Capítulo 3
Diferentes linguagens e mídias como recursos didáticos

Nos dias atuais, o professor precisa estar preparado para lidar com as diferentes linguagens, sobretudo aquelas com as quais os alunos têm mais contato. Porém, também deve apresentar-lhes outras linguagens igualmente importantes e das quais talvez estejam afastando-se.

A utilização de novas linguagens no ensino de História ocorreu especialmente a partir das décadas de 1980 e 1990 (Oliveira, 2012, p. 266-267). Essas linguagens podem ser entendidas como os diversos produtos culturais de nossa sociedade e compreendem imagens, músicas, literatura, desenhos, filmes, programas de TV e de rádio, internet, jogos eletrônicos e jogos analógicos, entre outros elementos que permitem desenvolver atividades didaticamente significativas para o ensino de História (Oliveira, 2012, p. 269).

Como recursos didáticos, esse conjunto de novas linguagens permite dinamizar o processo de ensino, tornando-o mais interessante e interativo. Neste capítulo, apresentaremos ideias e exemplos de como trabalhar algumas dessas linguagens. É importante ressaltar que, nesta obra, não será viável abordar todas as possibilidades. De todo modo, entendemos que cabe ao profissional da área ampliar continuamente seu conhecimento histórico e seu repertório didático, o que lhe permitirá elaborar diferentes recursos didáticos.

(3.1)
LITERATURA

Uma das linguagens mais presentes em nosso cotidiano é a escrita, que aparece em diversos suportes, desde livros físicos até *sites*.

Um dos materiais escritos que podem ser empregados como recurso didático são os textos literários, que incluem obras inteira ou parcialmente ficcionais, como romances, poemas e contos. Esse conjunto de obras, hoje, pode ser encontrado, inclusive, em meios digitais (Bittencourt, 2008, p. 338). O trabalho com a literatura também pode ser realizado de modo interdisciplinar.

Uma forma de utilizar a literatura na disciplina de História é analisá-la como fonte histórica. É possível fazer isso de duas maneiras: abordar determinado contexto histórico para, então, buscar entender a obra literária ou, ainda, ler determinada obra para abordar e esclarecer um contexto histórico. Portanto, um livro de romance ou de poesia pode ser lido como um testemunho histórico, já que a obra literária é também entendida como produto de determinada sociedade e de uma época específica (Chalhoub; Pereira, 1998, p. 7).

Assim, ao se trabalhar com literatura, é preciso considerar que há várias análises possíveis. Uma abordagem inicial que poderia ser incentivada é que os alunos investiguem o período no qual a obra em questão foi escrita e os dados sobre o autor. Outro caminho é pesquisar quais são os episódios narrados na obra e quem são os personagens principais, identificando-se a historicidade dessas questões e a frequência com que aparecem na literatura. A própria história da literatura é um caminho, pois, por meio dela, os alunos podem perceber que a arte literária, a forma de escrita e o modo como se lê mudam com o tempo. Por exemplo, o hábito de ler sozinho um livro impresso, que é escrito por um autor identificado, o qual segue critérios estéticos para a elaboração da obra, é um índice histórico (Chartier, 2000, p. 200). Isso significa que analisar historicamente uma obra literária é buscar entender as condições para a leitura daquela obra, as quais são determinadas, por exemplo, pelas condições de sucesso ou fracasso da obra e pelo tipo de compreensão coletiva que se formou em torno dela (Chartier, 2000, p. 198-199, 209).

Se considerarmos os livros mais vendidos expostos nas prateleiras das livrarias, perceberemos que alguns deles se tornaram filmes ou séries. Essa tradução de um livro para um suporte audiovisual estabelece, para quem assistiu ao filme, uma forma diferente de ler o livro. Portanto, quando se trabalha com a literatura, não é preciso utilizar somente romances consagrados; pode-se contemplar também o estudo de crônicas, contos ou de toda a literatura considerada menor, como cordéis, *fanzines* e textos de *blogs*. Longe das discussões dos méritos literários, é preciso observar que uma utilidade do texto literário como recurso didático é a possibilidade de entendê-lo como produto social, ou seja, como resultado das relações e da dinâmica social e cultural.

Na atualidade, as **histórias de ficção científica e fantasia** atraem grande número de leitores, em virtude, sobretudo, da relação que estabelecem com as mídias. Essas obras podem ser entendidas e analisadas como um campo de possibilidades da imaginação social. É importante compreender, nesse caso, que tais ideias podem constituir-se em tendências ou alternativas relacionadas ao futuro ou ao passado. Trata-se, pois, de algo que não se concretizou. Esse outro tempo, futuro ou passado, pode ser algo que se pretende e se deseja ou, ao contrário, algo que se teme e se quer evitar. Nesse sentido, essas obras são relevantes como fontes históricas, pois revelam ansiedades, temores, desejos e vontades presentes no momento histórico no qual foram elaboradas[1].

Outro gênero a ser trabalhado são os **romances históricos**, que narram determinado evento ou período histórico e também incluem na narrativa eventos que não foram comprovados historicamente. Desse modo, são obras que tratam de História sem o rigor ou o compromisso da pesquisa histórica (Baumgarten, 2000). A finalidade dos romances históricos normalmente é outra, como o entretenimento e o aspecto de exploração comercial. Por isso, o romancista tem a

---

1   Para um aprofundamento desse assunto, sugerimos a leitura das obras Ficção científica brasileira, *de Mary Elizabeth Ginway (2005), e* Ficção científica, fantasia e horror no Brasil: 1875 a 1950, *de Roberto de Sousa Causo (2003).*

liberdade para imaginar personagens e enredos. Um dos efeitos possíveis dessa liberdade do romancista é criar uma sensação, para quem lê a obra, de proximidade e vivência do que é contado. Esses romances ajudam a recriar imaginativamente a experiência cotidiana do período narrado (Enzensberger, 1978, p. 938-939). Contudo, ao utilizar esse gênero como recurso didático, o professor deve enfatizar aos alunos que esse tipo de narrativa pode fornecer uma visão não fidedigna da História, já que se assenta na imaginação e em fatos que não ocorreram.

De todo modo, a literatura pode, por exemplo, ajudar os alunos a compreender melhor uma época ou introduzir algum tema de História de forma mais prazerosa, uma vez que as obras literárias apresentam um fundo histórico valioso como primeiro contato com um assunto ou para despertar o interesse pelo seu estudo, permitindo entender melhor determinado momento da História.

No caso dos romances históricos, é possível comparar a visão desses textos com as obras históricas e demais fontes do período. Assim, ao propor um trabalho nessa linha, há o incentivo para que os alunos pesquisem fontes e livros sobre o período abordado na obra literária. A atividade seguinte pode ser, por exemplo, identificar os aspectos em que as obras se aproximam e divergem.

(3.2)
IMAGENS

As imagens também são recursos didáticos importantes. A quantidade de recursos em que as imagens estão presentes de forma significativa é imensa, e muitos podem ser encontrados na internet. Histórias em quadrinhos, obras de arte, fotografias, charges e desenhos são algumas possibilidades.

Uma das vantagens do trabalho com imagens é que, como elementos visuais, elas podem retratar períodos históricos de uma forma mais concreta, diferentemente da literatura, em que seus elementos constituintes precisam ser imaginados pelos leitores (Medeiros, 2005, p. 64). Ao utilizar fotografias, é necessário ter a consciência de que os recortes da História serão mais recentes, sobretudo do século XX. Um dos principais critérios de seleção de fotografias para o uso com os alunos é que sejam imagens significativas, isto é, que permitam o trabalho didático e a análise de um conteúdo histórico e que retratem algo impactante. Por isso, não se deve trabalhar com um número grande de fotografias (Bittencourt, 2008, p. 368-371). Outro aspecto importante é identificar o período no qual a fotografia foi feita.

Cabe questionar se uma fotografia retrata melhor a realidade do que uma obra literária ou um desenho. De certa maneira, por mais que ela seja um recorte estático de algo que aconteceu, ela é, também, uma interpretação da realidade, e não a realidade em si. Assim, outro ponto essencial que o professor deve enfatizar com os alunos é que as fotografias são uma representação do real feita por um sujeito. Logo, é importante conhecê-lo (Medeiros, 2005, p. 64). Toda fotografia é uma opção do fotógrafo por determinado ângulo, por um tipo de equipamento, pela forma como a luz está disposta, por um momento, por um objeto e por uma situação, entre outras questões que ajudam a esclarecer aquilo que é retratado (Bittencourt, 2008, p. 366-367). É essencial, pois, levar esses aspectos em consideração quando se utilizam fotografias como recurso didático, já que eles permitirão perceber a historicidade do objeto. Além disso, convém abordar com os alunos o que a fotografia retrata, discutindo em que situação ela foi tirada e o que se pretendia registrar.

Uma possibilidade de trabalho com fotografias consiste em escolher uma imagem antiga de um local familiar aos alunos para identificar semelhanças e diferenças entre o atual e o passado (Medeiros, 2005, p. 64-65). As fotografias de família também são ótimos recursos, pois remetem ao passado dos alunos e se aproximam da realidade deles (Bittencourt, 2008, p. 366).

Outras imagens interessantes são aquelas que fazem uma crítica por meio do humor. É o caso das charges, das caricaturas, dos cartuns e dos *memes*. O *meme* é uma linguagem nova e reúne características de outras, inclusive destas que acabamos de citar. Todas elas são "expressões gráficas de humor" (Campos; Petry, 2009, p. 120), muitas vezes acompanhadas de elementos textuais que ajudam a entender e a localizar no tempo o objeto satirizado. Portanto, o texto pode ser uma reafirmação ou um esclarecimento do desenho ou, ainda, funcionar como uma complementação (Campos; Petry, 2009, p. 129-130). Um elemento comum entre essas produções, principalmente entre a charge e a caricatura, é que elas costumam expressar uma crítica ou opinião relacionadas à política.

A **charge** normalmente tem um teor político e retrata um sujeito em determinada atitude ou situação. Dessa forma, expressa um recorte no tempo, pois representa personagens conhecidos em situações atuais e relevantes para o momento no qual é produzida (Campos; Petry, 2009, p. 123). A charge, quase sempre, é feita com base em alguma notícia, o que lhe confere atualidade e, por outro lado, efemeridade (Oliveira; Almeida, 2006, p. 81-82, 85-88). A charge da Figura 3.1, a seguir, data de 26 de março de 2019 e, por isso, trata de dois eventos próximos: a Páscoa, que ocorrera no dia 21 de março, e a proliferação dos ovos da dengue, problema que sempre é assunto durante os meses quentes e chuvosos que caracterizam o verão e o começo do outono no Brasil.

Figura 3.1 – Charge sobre a dengue

[Charge: um homem virando um pneu com água, e um mosquito dizendo "EI! MEUS OVINHOS DA PÁSCOA!" — assinado Pelicano]

A **caricatura**, por sua vez, surgiu no século XVI como um tipo de desenho que enfatizava as peculiaridades físicas de determinada pessoa com o propósito de gerar efeito de humor (Campos; Petry, 2009, p. 118-119; Gawryszewski, 2008, p. 9; Riani-Costa, 2002, p. 3). Portanto, o elemento definidor da caricatura são os traços exagerados das características peculiares de uma pessoa, com vistas a criar uma aparência deformada, a qual, atualmente, não precisa necessariamente ser engraçada ou corresponder a uma crítica, podendo ser também exaltadora. Assim, a caricatura pode ressaltar traços considerados positivos (Gawryszewski, 2008, p. 16) ou destacar defeitos da pessoa retratada, que, muitas vezes, não são apenas físicos, mas refletem algum traço da personalidade, do pensamento ou da prática do sujeito, a fim de ridicularizá-lo de alguma forma (Campos; Petry, 2009, p. 119-121).

Quando se analisam os traços exagerados de uma caricatura, revela-se uma parte dos indícios históricos sobre o sujeito e sua história, destacando-se determinada situação vivenciada pelo retratado (Campos; Petry, 2009, p. 119), que normalmente é uma pessoa conhecida. Essa representação tem relevância para o momento em que foi produzida e circulou na sociedade. Assim, analisar uma caricatura permite recuperar particularidades de dado momento histórico, pois a caricatura tem esse caráter de imediatismo e remete a um assunto ou a uma percepção difundida no meio social (Campos; Petry, 2009, p. 122).

Os **cartuns** situam-se entre a charge e a história em quadrinhos e apresentam características dos dois gêneros. Portanto, além de engraçados, reúnem mais de um momento temporal, já que contam uma história e, assim, articulam passado e presente. Além disso, podem, como a charge, referir-se a situações e personagens reais, mas não precisam necessariamente delas, pois, por constituírem uma narrativa, utilizam outros recursos, entre eles a metáfora (Campos; Petry, 2009, p. 123-124; Aragão, 2010-2011, p. 115). Dessa forma, os cartuns são um recurso gráfico mais complexo e não têm de apresentar a atualidade e a efemeridade da charge ou da caricatura. Por isso, o cartum também pode ser analisado como um tipo de história em quadrinhos (Campos; Petry, 2009, p. 127; Aragão, 2010-2011, p. 115; Pessoa, 2011, p. 2).

Todas essas linguagens têm seu valor como recurso didático por terem sido elaboradas em determinado contexto histórico, social e cultural. Elas retratam acontecimentos significativos para a sociedade, os quais são ressignificados por meio da utilização de elementos imaginários traduzidos no desenho (Campos; Petry, 2009, p. 130-131). É importante trabalhar com os alunos os elementos que provocam o riso ou a graça nesses desenhos, pois eles também são um indício histórico. Convém analisar por que, no período em que foram elaborados, a charge, o cartum ou a caricatura funcionavam como sátiras (Aragão, 2010-2011, p. 116). Essa análise pode estender-se para o tipo do traço, a forma de organização dos elementos gráficos, a diagramação, as cores utilizadas, a postura física e a expressão facial do sujeito representado, pois todos esses elementos são históricos, já que adquirem um sentido conforme o contexto e o momento no qual são produzidos. Outro aspecto a ser considerado diz respeito aos destinatários dessas expressões gráficas e aos meios em que foram veiculadas. Muitas vezes, charges e caricaturas, por exemplo, são publicadas em jornais voltados a determinados grupos políticos e, por isso, usam linguagens e representações próprias (Pessoa, 2011, p. 5-6).

Mais recentemente, surgiram os *memes*, termo que se originou da obra *O gene egoísta*, de Richard Dawkins, biólogo e divulgador científico. Porém, o conceito de *meme*, hoje, corresponde a uma pequena deformação do sentido original. O que o conceito preserva é a ideia de propagação por imitação e replicação de algum elemento cultural (Recuero, 2007, p. 23).

De acordo com Recuero (2007, p. 24), a internet é um ambiente propício à disseminação de *memes*, sobretudo por favorecer a interação entre pessoas por meio de redes sociais. Coelho (2014, p. 5) atualiza o conceito de *meme*, concebendo-o como a criação de imagens conforme padrões preconcebidos. A propagação dessas imagens ocorre por meio da rede e de forma rápida: o *meme* navega pelo mundo virtual e atinge diversas pessoas.

Outra característica do *meme* é a interatividade. Cada pessoa que tiver contato com ele pode editá-lo e transformá-lo no assunto que deseja abordar. Assim, ele é uma cópia que, apesar de sofrer alterações, dá força de replicação à estrutura original (Coelho, 2014, p. 6). É nesse aspecto que está o elemento histórico em potencial. A longevidade de um *meme* está associada ao fato de ser capaz de consolidar determinada ideia ou sentimento e aplicá-la em contextos variados e com conteúdos diversos. Portanto, os *memes* apresentam dois elementos de relevância histórica: a permanência de sua estrutura e a possibilidade de utilizá-la para transmitir um novo conteúdo.

Você certamente consegue se lembrar de alguns *memes*. Eles se renovam bastante e sempre há novos em circulação. Podemos mencionar aqui o bilhete que circulou bastante nas redes sociais em 2019 no qual um aluno finge ser a professora para poder ser dispensado da aula. Depois, surgiram variações desse bilhete, as quais foram replicadas com conteúdos diferentes. Isso é um *meme*. No entanto, simples nomenclaturas ou frases que ganham poder de circulação, replicação e definição de categorias sociais também podem constituir *memes*. Você se recorda de algum? A expressão *coxinha*, usada para definir aquele que assume posições politicamente de direita, e a expressão *mortadela*, empregada para caracterizar o simpatizante da esquerda, são exemplos de *memes* (Chagas et al., 2017, p. 182).

Um contexto possível de análise e que talvez se consolide como um (re)produtor de *memes* são as eleições. As eleições de 2014 no Brasil foram as primeiras em que esse tipo de manifestação ocorreu em grande quantidade. Os *memes* eram objetos de campanha dos candidatos, formas de os eleitores expressarem suas opiniões e também uma maneira diferente de ironizar os candidatos ou as posições políticas (Chagas et al., 2017, p. 174). Assim, como Chagas et al. (2017, p. 175) observam, os *memes* funcionavam como uma mistura de "peças publicitárias para a militância e charges políticas". Desse modo, esse gênero pode assumir a estética, a forma e o conteúdo de outros mais tradicionais, como charges, quadrinhos ou caricaturas. A característica mais comum aos *memes*, porém, é o humor, por ser um elemento mais compartilhável e replicador (Chagas et al., 2017, p. 178-179).

Os *memes* podem ser utilizados como recursos didáticos em História por apresentarem, em uma primeira camada, um contexto histórico responsável pelo seu sentido original. Há, ainda, uma segunda camada, que é o momento histórico no qual o *meme* é aplicado e replicado, mas que ainda dialoga com a primeira camada, pois faz o *meme* ter sentido e penetração nas redes sociais. Ao trabalhar os *memes* em sala de aula, portanto, é necessário reconhecer e problematizar todas essas camadas de História que se encontram sobrepostas.

(3.3)
Histórias em quadrinhos

Em sua opinião, é válido trabalhar histórias em quadrinhos em sala de aula? Durante muito tempo, as histórias em quadrinhos (ou HQs) foram consideradas um gênero menor, pois eram voltadas ao público jovem, não sendo consideradas literatura pelo fato de serem constituídas das linguagens verbal e visual. Entretanto, com a valorização de crianças e adolescentes como indivíduos que participam da sociedade, inclusive como consumidores ativos, e com a produção de HQs que fogem das temáticas mais características (super-heróis ou personagens não realistas, como patos e ratos falantes ou crianças que nunca envelhecem) e direcionadas para o público adulto, esse gênero começou a ganhar destaque. As HQs passaram a ser mais divulgadas, pois foram adaptadas para filmes e séries, ou filmes e séries se transformaram em HQs. Esses fatores aproximaram essas produções da realidade dos alunos. Além disso, hoje em dia, é possível ter mais contato com HQs em gibitecas, bibliotecas e livrarias. Esse maior acesso às histórias em quadrinhos pode propiciar um primeiro contato com a literatura, uma vez que há várias adaptações ou releitura de obras literárias para a linguagem dos quadrinhos.

As HQs devem ser consideradas uma linguagem única e diferente de outras, como a literatura ou a arte de forma geral (Dobrychtop, 2017, p. 15). Os quadrinhos reúnem, na elaboração e no desenvolvimento de sua narrativa, duas linguagens, que Palhares (2009, p. 9-10) denominada de *verbal* e *não verbal*. Há, de um lado, o roteiro e o enredo da história que se conta, os quais se traduzem em componentes verbais, como os balões de diálogo ou os balões descritivos ou narrativos que acompanham os desenhos. De outro, há a dimensão imagética, ou seja, a parte gráfica dos quadrinhos.

Dessa forma, o trabalho com os quadrinhos como recurso didático permite a análise do texto escrito e das imagens individualmente. Porém, é a associação entre o elemento escrito e o elemento gráfico/visual a responsável pela particularidade dos quadrinhos e de sua narrativa. A análise dos dois em interação é a terceira dimensão possível de trabalho e a linguagem própria das HQs. Conforme Palhares (2009, p. 9-10), "na história em quadrinhos são veiculadas duas mensagens: uma icônica ou visual e outra linguística, que se relacionam, constituindo uma mensagem global". Portanto, é possível explorar e analisar os cenários, a forma como as roupas são desenhadas, as representações humanas, o tipo de letra utilizado em determinado balão e a relação dos sons e das palavras com o desenho de gestos e posturas, entre outros elementos.

Ao adotar os quadrinhos como recurso didático em História, é necessário levar em consideração que as duas linguagens em conjunto, na composição da história em quadrinhos, expressam relações culturais e sociais. Isso significa que as HQs são produtos de determinadas culturas, sociedades e temporalidades, nas quais se inserem os sujeitos que elaboram as narrativas. As HQs, como linguagem e representação, apresentam uma historicidade própria. Elementos culturais e sociais aparecem refletidos nos traços dos desenhos, na diagramação dos quadrinhos, na forma como a história é contada, nas cores utilizadas e no formato e no conteúdo dos balões de fala, por exemplo.

Além disso, é preciso ter em conta que as histórias em quadrinhos são produtos de uma indústria de massa. Elas não são obras puramente autorais, pois suas produções são permeadas por determinações editoriais e pela busca de lucro. As editoras impõem limites e padrões de criação aos redatores e aos desenhistas de HQs, e uma das principais orientações para sua produção são as vendas (Dobrychtop, 2017, p. 16). Assim, ao trabalhar com HQs, sobretudo as mais disseminadas pela indústria cultural, o professor deve estar atento a essa dimensão comercial que elas encerram.

(3.4) Dispositivos de acesso à internet

Hoje, é imprescindível que o professor recorra, em suas estratégias didáticas, aos dispositivos de acesso à internet, como computadores e *tablets*, e aos conhecimentos que podem ser obtidos por meio de sua utilização. Uma das competências que deve desenvolver com os alunos é a leitura crítica das informações acessadas. Relacionado a isso está o desenvolvimento do raciocínio, da criatividade e da capacidade de leitura (Ferreira, 1999, p. 152).

Outra vantagem de usar tais dispositivos é possibilitar que os alunos desenvolvam atividades mais interativas, inclusive entre si. Uma possibilidade seria dividir os alunos em grupos, propor um tema de pesquisa e determinar um prazo de entrega do resultado obtido. Caberia aos estudantes realizar a pesquisa nos diversos meios a que eles têm acesso. O papel do professor, nesse exemplo, seria o de orientador. Os alunos também poderiam usar os mesmos meios para a apresentação e a exposição do trabalho, em vez de recorrerem ao tradicional trabalho impresso (Moura, 2009, p. 6).

O uso da internet no ensino de História pode contribuir para o desenvolvimento da criatividade, pois precisam aprender a pesquisar. Por exemplo, em uma pesquisa em um *site* de busca, como o Google, os alunos têm de imaginar e estabelecer relações novas entre palavras para buscar resolver eventuais problemas que surgem. Além disso, conseguem ter acesso a grandes quantidades de dados e, para administrá-los em uma atividade de pesquisa, aprendem a organizá-los e a utilizar os recursos disponíveis no computador para consolidar o conhecimento adquirido. Portanto, o trabalho com o universo digital auxilia no desenvolvimento de uma disciplina de estudos e das habilidades de pesquisa, além de desenvolver a capacidade de selecionar criticamente as informações em meio ao grande volume de dados presentes na internet. Nesse sentido, aprender a fazer uma **leitura crítica** e qualificada das informações disponíveis é tão importante quanto conhecer esses conteúdos (Müller, 2016, p. 5).

Na internet, também é possível encontrar materiais que fornecem **experiências audiovisuais** e por meio dos quais se podem recriar espaços passados ou promover debates sobre certas temáticas. Esses materiais podem ser localizados em *sites* de vídeos ou *podcasts*, isto é, arquivos digitais de áudio gravados e disponibilizados na internet com alguma periodicidade, caracterizando uma espécie de programa, que costuma ser temático (Ferreira, 1999, p. 154).

O computador também é uma ferramenta que permite ao usuário desenvolver a competência de elaborar **textos** mediante o uso dos diferentes recursos de edição de texto disponíveis. Ao destacar as ações de copiar e colar, por exemplo, o professor pode aproveitar a oportunidade para refletir com os alunos a respeito do plágio e da necessidade de evitá-lo.

A internet pode ser, ainda, um espaço para a **divulgação** dos trabalhos realizados, o que amplia sua funcionalidade, tal como representado na situação de Umberto na charge da Figura 3.2. Isso pode incentivar os alunos a desenvolver trabalhos com mais profundidade e qualidade. Além disso, o computador e os *tablets* viabilizam a construção de textos com a utilização de imagens com configurações diversas e formatações mais criativas do que a escrita no papel possibilitaria.

Figura 3.2 – A internet não deve ser um inimigo

Cabe observar, ainda, que ler textos na internet permite viver uma experiência diferente da leitura de livros impressos, pois se caracteriza pela agilidade e pela interatividade. Ao lerem um texto *on-line*, os alunos podem encontrar *links* diversos, que lhes dão acesso a conteúdos variados. Muitas vezes, um texto apresenta sugestões de outros textos – essa forma não linear, encadeada e interativa de produzir textos é conhecida como **hipertexto** (Marcuschi, 2001, p. 83). Os vídeos têm uma dinâmica de acesso semelhante. Ao acessarem um vídeo, os alunos conseguem encontrar uma série de outros relacionados.

Quanto à elaboração de textos digitais, destaca-se a vantagem da possibilidade de desenvolver a produção de escrita coletiva. Em um trabalho conjunto, os alunos podem escrever um texto coletivamente ou elaborá-lo individualmente e pedir a um colega que o complemente (Marcuschi, 2001, p. 83-84, 92-93).

Especificamente no que se refere à atividade de **pesquisa** na internet, cabe ao professor ensinar os alunos a identificar as palavras para fazer a busca de maneira mais eficiente, bem como a dar-lhes as condições para saberem diferenciar os materiais mais adequados ou relevantes conforme seus interesses. Este último aspecto é fundamental para evitar que os alunos selecionem notícias ou informações que carecem de boas fontes e referências.

(3.5)
Notícias e mídia

As notícias são cada vez mais acessadas na mídia digital, em detrimento da mídia impressa. Há, ainda, a possibilidade de localizar jornais antigos por meio da base de dados da Hemeroteca Digital da Biblioteca Nacional e de *sites* de busca, como o Google. Esses jornais são um recurso didático valioso, pois estão repletos de informações históricas. Nesse sentido, as notícias devem ser analisadas como qualquer outro documento histórico, ou seja, é preciso identificar o autor, a linguagem usada, o contexto sócio-histórico e o suporte ou veículo de divulgação.

Atualmente, para o trabalho com notícias encontradas em *sites*, uma abordagem inicial pode ser a análise da maneira como são apresentadas, da forma como estão escritas e da parte do jornal ou do *site* em que estão disponibilizadas (Bittencourt, 2008, p. 335). É importante analisar as manchetes, que são elaboradas com o propósito de despertar o interesse do leitor. Assim, muitas vezes, elas são mais exageradas, enfáticas ou alarmistas que a própria reportagem. É possível, por exemplo, refletir sobre a percepção causada se apenas as manchetes fossem lidas, em contraposição à leitura do conteúdo integral das matérias.

Também cabe destacar o papel do autor da notícia, no caso, o jornalista. É necessário levar os alunos a reconhecer o **jornalista** e o **veículo** que publica a notícia como criadores de fatos. Eles contam e interpretam o que aconteceu conforme sua visão de mundo, investida de marcas sociais, culturais e históricas (Bittencourt, 2008, p. 336). Além disso, é preciso compreender o produtor de notícias da mídia digital como alguém cada vez mais pressionado pela necessidade de cliques e portador de uma suposta e pretensa isenção.

Outra característica a ser problematizada nesse contexto é que os *sites* e os portais jornalísticos buscam vendagem e acessos. Portanto, cabe ao professor, por um lado, situar a imprensa em geral e as notícias que veicula como formadoras de opinião e influenciadoras do modo como o público lê e interpreta o mundo e as coisas que acontecem e, por outro lado, discutir o fato de que as notícias também são uma mercadoria, algo que é vendido e consumido. Nesse sentido, é necessário enfatizar que a imprensa e o que ela conta não são produtos neutros e imparciais (Bittencourt, 2008, p. 336-337).

Outra questão relevante a respeito da mídia refere-se à discussão sobre um universo que existe em paralelo à grande mídia, formado, por exemplo, por *blogs*, *podcasts* e redes sociais, no qual há um grande fluxo de dados. Aqui se destaca o papel da educação de tornar os alunos cidadãos capacitados para ler criticamente esse volume enorme de notícias e informações (Becker, 2012).

A discussão acerca do teor da comunicação veiculada em meios impressos e na internet é importante, sobretudo hoje em dia, em virtude do fenômeno das *fake news*, ou notícias falsas. Esse tipo de trabalho pode fornecer as bases para uma leitura comparada e crítica e ajudar os alunos a desenvolver as competências para diferenciar um texto construído com base nos princípios do jornalismo de qualidade de um texto cuja finalidade é a manipulação da opinião pública.

As *fake news*, ao contrário de um boato que se espalha no boca a boca nos limites de um bairro ou de uma vizinhança, espalham-se muito rapidamente por conta das redes sociais e dos meios digitais de interação entre as pessoas. No entanto, um aluno que já tenha refletido na escola sobre esse tema terá mais condições de fazer uma leitura crítica antes de compartilhar alguma notícia (Aro; Gomes, 2017, p. 510). Desenvolver essa competência demanda tempo e esforço, pois os alunos provavelmente têm acesso a muitas informações por meio de diversas mídias digitais. Nesse contexto, fica evidente a importância de aprender a selecionar quais notícias são mais críveis, quais podem ser prontamente descartadas e quais exigem uma averiguação mais aprofundada.

Para analisar a credibilidade de uma notícia, é necessário, primeiro, identificar sua fonte, se provém de um veículo de notícias conhecido e confiável. Depois, cabe checar a informação na internet. Desenvolver essa noção também ajuda a entender a procedência de uma notícia e a perceber se, em vez de uma notícia falsa, ela é uma interpretação equivocada de informações ou fatos.

O trabalho com *fake news* contribui para formar nos alunos a capacidade de realizar pesquisas e a competência crítico-analítica para avaliar a notícia ou a informação dada, mesmo que ela corrobore algo em que eles acreditem. Com isso, desenvolve-se um senso ético, que passa por evitar a reprodução de uma mentira.

A História é importante nesse processo, pois é uma das disciplinas que podem favorecer a prática da pesquisa, da escrita e da análise da escrita. Para além disso, ela é relevante porque muitas notícias falsas se assentam em elementos também falsos sobre a História ou embasados em interpretações desautorizadas pelos historiadores. Por isso, nesse trabalho, é essencial incentivar a comparação da notícia ou informação com outras notícias e fontes.

Há, ainda, uma função fundamental da internet e dos dispositivos eletrônicos digitais: a **comunicação**. Pense em como você se comunica atualmente com seus amigos, familiares e colegas de trabalho. Normalmente, usam-se os meios eletrônicos, como *e-mails*, grupos de conversa e redes sociais. Também o envio de arquivos é feito por *e-mail*, redes sociais e *sites* de compartilhamento. Todos esses recursos podem ser utilizados para organizar uma disciplina escolar, divulgar datas de atividades ou disponibilizar um conjunto diverso de materiais, de forma a dinamizar e administrar o acesso aos conteúdos (Müller, 2016, p. 6-7; Araujo, 2018, p. 146). Atividades, textos e recursos auxiliares e complementares podem ser compartilhados nesses meios, os quais também podem ser usados para a troca de informações e materiais entre os alunos. Além disso, o professor pode utilizá-los para receber trabalhos e atividades e esclarecer dúvidas (Moura, 2009, p. 6; Araujo, 2018, p. 146), ampliando as possibilidades da educação a distância.

Contudo, não podemos esquecer que, apesar de toda a amplitude de relacionamentos que podemos desenvolver por meio do acesso à internet, uma forma bastante tradicional de confrontar as notícias com que nos deparamos é o contato com o próprio mundo real, que viabiliza uma compreensão das coisas construída pela complementação entre o mundo real e o mundo virtual.

A História, como uma ciência humana, pode ser uma área privilegiada para promover o desenvolvimento das habilidades de comunicação e argumentação, conforme Müller (2016, p. 3), principalmente ao buscar que os alunos se tornem capacitados para participar de forma crítica na sociedade. No âmbito do ensino dessa disciplina, é preciso notar que as redes sociais e os demais canais disponíveis na internet, como meios de comunicação, reúnem informações que combinam conteúdos de áreas variadas e, por isso, favorecem uma formação multidisciplinar, associada a diferentes ramos do conhecimento. Essa análise de elementos diversos também propicia uma socialização não restrita a determinado espaço físico, considerando-se que o espaço virtual permite o contato com um número maior de pessoas com diferentes formações. Além disso, as redes sociais aproximam alunos e professores, permitindo uma educação mais ágil, interativa e compartilhada (Müller, 2016, p. 5; Araujo, 2018, p. 145).

(3.6) MÚSICAS

A música é um recurso didático que, além de ser uma linguagem de que, em geral, todos gostam, age diretamente nos sentimentos (Medeiros, 2005, p. 64). Como produto cultural, tem um valor histórico que pode ser objeto de trabalho na disciplina de História (Abud, 2005, p. 312).

Ao adotar a música como recurso didático, o professor deve atentar para sua **linguagem plural**, que inclui letra e parte instrumental e melódica. Assim, é possível analisar a letra de uma música e sua construção e, também, a melodia, os instrumentos e até os tipos de acordes utilizados, caso haja um conhecimento prévio ou complementar para isso (Medeiros, 2005, p. 67). Na análise, é válido identificar quando a música foi composta, quando fez sucesso ou foi divulgada e quem são seus autores e intérpretes.

Procure se lembrar de algumas letras de música das quais não é possível fazer uma interpretação literal. Isso ocorre porque, nessas composições, estão presentes simbologias e outros elementos que lhes conferem relevância estética e as situam em determinado contexto histórico. Ao trabalhar a letra de uma música, o professor deve considerar os elementos sociais, culturais e históricos de seu contexto de produção, buscando identificar os recursos usados na construção da letra e da melodia, assim como os critérios estéticos que definem a produção musical (Napolitano, 2002, p. 9). Em alguns casos, é preciso verificar, especialmente, os efeitos causados pelas palavras usadas, como na música *Cálice* (1973), de Chico Buarque, que é baseada em uma reconstrução homofônica (ou seja, o mesmo som e grafia diferente) da forma verbal *cale-se*. Muitas vezes, a opção por uma palavra ou construção ocorre em razão da melodia (Abud, 2005, p. 313). De todo modo, conhecer músicas de outras épocas permite que os alunos identifiquem as particularidades e as contrariedades desses momentos históricos.

Há diversas formas de trabalhar a música como recurso de ensino e aprendizagem. Uma dinâmica que pode iniciar a atividade didática com música consiste em pedir aos alunos que identifiquem as palavras ou referências desconhecidas na letra e observem o que a música provoca neles conforme a melodia se modifica, ou seja, se a música se torna mais tensa ou mais calma, se causa apreensão ou tranquilidade, entre outros aspectos.

A forma mais usual de trabalho com música é analisar de que forma a letra está relacionada ao contexto histórico. É possível encontrar vários artigos e livros que realizam esse tipo de análise histórica. Porém, quando se utiliza a música como recurso didático, devem-se selecionar aquelas que tenham alguma potencialidade de aproximação com a realidade dos alunos. Essa realidade pode ser tanto a vivida por eles quanto a observada no âmbito do conteúdo que está sendo estudado.

No Brasil, um exemplo de período bastante profícuo na área musical é a ditadura militar. É possível analisar várias músicas desse período e discutir aspectos como os movimentos estudantis, o surgimento e o crescimento de uma indústria fonográfica no país e as políticas nacionalistas do governo brasileiro, estabelecendo-se relações com conteúdos posteriores.

(3.7)
Audiovisual

Outro recurso que pode ser trabalhado didaticamente é o audiovisual. Hoje, a internet é uma rica fonte de vídeos. Os **filmes**, sejam documentários, sejam obras de ficção, podem ser vistos em grupo, no ambiente escolar ou na casa dos alunos, individualmente (Becker, 2012, p. 232-233).

Quando o professor escolhe um audiovisual como recurso didático, deve concebê-lo como um indício de uma temporalidade, pois retrata determinada cultura e um contexto histórico e social (Meirelles, 2004, p. 79). Porém, o que há de mais valioso ao se trabalhar um filme, por exemplo, é o contato com o imaginário de uma época. Todo filme é uma representação do período em que foi produzido. Não é um resultado direto e neutro daquele contexto sócio-histórico, e sim uma interpretação daquele momento, a qual é traduzida em elementos simbólicos e metafóricos (Meirelles, 2004, p. 82).

Também é importante esclarecer por que determinado filme está sendo analisado em sala de aula. A justificativa não deve ficar clara apenas para o professor; os alunos também devem entendê-la e identificar-se de algum modo com o filme, ou seja, devem assistir ao filme e sentir que aquela produção tem alguma ligação com eles ou com o que estão aprendendo. Nas produções cinematográficas, há dois contextos que podem ser analisados pelo viés histórico: o narrado e o da produção (Medeiros, 2005, p. 65).

Os filmes mais óbvios para a análise desses dois contextos são aqueles que enfocam dado período histórico. No entanto, trabalhar com um filme histórico pode, em algumas situações, deixar os alunos desinteressados, pelo fato de a narrativa ser lenta em determinados pontos. Uma alternativa é selecionar apenas alguns trechos significativos, até porque alguns filmes são longos demais para serem exibidos durante o tempo de um encontro ou uma aula. Nesse caso, é preciso contextualizar as partes selecionadas e deixar claro que elas pertencem a uma narrativa maior.

Após a escolha da peça audiovisual, o próximo passo é analisar sua **produção**. No caso de um filme, é fundamental identificar o diretor, o roteirista, a empresa que o produziu, o local de produção e de divulgação e o contexto que motivou a criação. Além disso, deve-se analisar o enredo e relacioná-lo ao período em que foi produzido. Nesse sentido, é importante trabalhar a recepção da obra e as reações do público e da crítica (Bittencourt, 2008, p. 375). Convém, ainda, comentar com os alunos que grande parte dos filmes visa principalmente à venda e à arrecadação, motivo pelo qual podem ser considerados produtos de consumo, o que impacta diretamente o modo como contam as histórias (Medeiros, 2005, p. 65). Por outro lado, os filmes são peças que representam a concepção estética de seus idealizadores, ou seja, há escolhas subjetivas na determinação da forma de contar a história. Essas particularidades influenciam na escolha das cores, dos quadros de filmagem, do modo como os atores interpretam, da construção dos cenários e em uma série de outros aspectos técnicos, que demandam um conhecimento mais aprofundado sobre cinema (Medeiros, 2005, p. 65).

Ao fim desses processos de análise do audiovisual, os alunos devem identificar quem são os personagens, que papéis desempenham na trama e como o enredo e a narrativa são construídos e conduzem esses personagens. Considerando-se as relações sócio-históricas, os alunos também podem identificar, no filme, como a sociedade é retratada, como se estabelecem as relações sociais e como os lugares e os espaços são representados e se relacionam (Meirelles, 2004, p. 79).

No caso específico da análise crítica de filmes que retratam eventos históricos, os alunos podem obter um conhecimento mais empático das realidades passadas, pois o audiovisual transporta o espectador para outras épocas e cria uma aproximação com a experiência alheia, que pode definir-se como uma alteridade espacial e social ou uma alteridade temporal (Meirelles, 2004, p. 79).

(3.8)
Documentos

Se visitarmos uma biblioteca, um museu ou um arquivo, teremos contato com aquilo que, na prática da historiografia, chamamos de *documentos*.

O professor precisa deixar claro para os alunos que é possível encontrar esses documentos não apenas nesses locais físicos, mas também no ambiente virtual. Isso facilita muito o trabalho e permite que as atividades de pesquisa se estendam. O conjunto de documentos escritos inclui jornais antigos, discursos, cartas, leis, propagandas, lendas, contos, processos judiciais, relatos de viagem e receitas, entre outras fontes que retratem determinada época (Medeiros, 2005, p. 62-63). Exemplos de fontes de documentos são, muitas vezes, os *sites* dos arquivos públicos, pois eles podem abrigar parte da documentação digitalizada. O Arquivo do Senado Federal também disponibiliza alguns conteúdos digitalizados.

Portanto, os documentos escritos são plurais e abrangem diversos suportes e meios de divulgação, principalmente hoje em dia, com o desenvolvimento da internet. Cabe ao professor ter cuidado ao selecionar os documentos conforme seus objetivos e o grupo de alunos com o qual atua.

Ao trabalhar com um documento, é fundamental instigar a capacidade de os alunos traduzirem o conteúdo do material em questão, que pertence a uma temporalidade, para a temporalidade atual. Essa atividade, que pode ser oral ou escrita, deve levar os alunos a expor as ideias, os conceitos e os elementos históricos associados aos documentos. Para isso, o professor deve orientá-los na leitura de fontes históricas, na identificação das informações contidas nelas e na discussão acerca do fato de essas informações se relacionarem com a realidade atual ou com outros conhecimentos e referências que os alunos tenham do período do documento analisado (Bittencourt, 2008, p. 348-349).

É importante trabalhar com documentos, porém convém atentar para o objetivo do grupo de alunos atendidos. Nem sempre se pode esperar ou exigir que eles atuem como historiadores (Bittencourt, 2008, p. 328-329). Um dos cuidados a serem tomados, sobretudo com documentos de épocas mais distantes, é que eles apresentam uma **linguagem** diferente da atual e uma **função** própria para o período no qual foram produzidos. Muitas vezes, é preciso adequar esses documentos à realidade e ao nível escolar dos alunos (Medeiros, 2005, p. 62; Bittencourt, 2008, p. 333).

Geralmente, esses documentos são institucionais, ou seja, produzidos no âmbito das relações e dos processos do Estado, para atender a fins políticos. Mas há também os documentos de controle institucional e administrativo, como certidões de óbito e de nascimento ou censos. Existem livros no mercado que reúnem documentos, inclusive com algumas explicações sobre eles. Esses livros são boas referências e fontes de materiais para a elaboração de recursos didáticos (Bittencourt, 2008, p. 342-343).

O trabalho com documentos é uma forma de os alunos refletirem sobre o conhecimento histórico e as relações entre passado e presente (Medeiros, 2005, p. 62). Trabalhar com documentos também pode ajudar a ampliar o conhecimento sobre a história da cidade e da região onde os alunos vivem, uma vez que, às vezes, o acesso é mais fácil aos documentos ligados às localidades mais próximas.

Ao lidar com documentos, o professor deve ter o mesmo cuidado que requerido no caso do uso de outros recursos didáticos, isto é, o documento selecionado deve ter alguma relevância para a realidade dos alunos e estar relacionado ao conteúdo que se pretende abordar. Um documento pode funcionar como complemento e ilustração de um conteúdo já trabalhado ou como forma de introduzir um novo assunto. Além disso, é importante que os alunos compreendam o **contexto** do documento, ou seja, em qual situação foi produzido, qual era sua função, a quem ou ao que servia e quais eram suas intenções e seus agentes.

A análise de documentos pode colaborar, ainda, para o desenvolvimento da capacidade crítico-analítica dos alunos, pois propicia a aprendizagem sobre como ler uma peça escrita, isto é, entender o que está escrito como meio de atingir determinada intenção ou como um reflexo de práticas e pensamentos comuns de uma época (Medeiros, 2005, p. 63).

Há, ainda, **objetos** e **materialidades** diferentes do texto escrito que podem ser usados como documentos. Essas materialidades normalmente se relacionam a novas modalidades da História, como a história do vestuário ou a história da alimentação.

No trabalho com a história da alimentação, é possível selecionar alguns alimentos do cotidiano dos alunos e discutir como circulam e como são preparados e consumidos. Esse tipo de análise favorece a discussão acerca de questões culturais mais profundas (Medeiros, 2005, p. 69). Na abordagem da história do vestuário, podem-se utilizar fotografias, desenhos ou peças de outras épocas (atualmente, há muitos grupos que constroem réplicas de armaduras e roupas medievais, por exemplo), dando-se aos alunos a oportunidade de provarem e vestirem essas peças, por exemplo, no caso de uma atividade presencial. Cabe investigar o modo como as roupas eram feitas, os motivos pelos quais eram produzidas daquela maneira, a simbologia das cores, os hábitos e a cultura que expressam, entre outras questões (Medeiros, 2005, p. 69).

Síntese

Neste capítulo, mostramos que há uma série de linguagens e mídias que o professor de História pode utilizar como recursos didáticos, entre eles os diversos gêneros da linguagem escrita, como os textos literários, as letras de música, as notícias e outros textos encontrados na internet e os documentos de caráter institucional e administrativo. Destacamos também as fotografias, as charges, as caricaturas, os cartuns, os *memes* e as histórias em quadrinhos. Ainda, ressaltamos a funcionalidade do audiovisual, como os vídeos e as produções cinematográficas.

Ao trabalhar com esses recursos em sala de aula, o professor pode explorar questões diversas: quem produziu o material analisado e em que contexto, qual veículo foi responsável pela publicação, qual linguagem foi utilizada e o que ela reflete sobre o contexto de sua produção, qual finalidade orientou a produção do material e para quem foi produzido. Todas essas questões são norteadoras das análises que se deseja que um aluno de História tenha capacidade de desenvolver.

Indicações culturais

Assista a filmes e séries, leia livros, histórias em quadrinhos e notícias, ouça músicas, pesquise documentos, visite exposições de arte, vá a museus, assista a peças de teatro e navegue pela internet. Esteja atento às potencialidades didáticas que todas essas linguagens e mídias podem ter para saber como e quando utilizá-las para ensinar os diferentes conteúdos históricos.

Para você aprofundar a reflexão sobre o uso de diferentes linguagens, recomendamos especialmente que assista ao episódio "A coroa do imperador" (que você pode encontrar no YouTube), da série televisa *Cidade dos homens*, de 2002, uma coprodução da Rede Globo e da O2 Filmes. Nesse episódio, dirigido por César Charlone, os protagonistas Acerola e Laranjinha, dois garotos negros que vivem em um morro carioca, tentam obter dinheiro para ir ao Museu de Petrópolis, em um passeio promovido pela escola, e ver a coroa do imperador. O mais interessante no episódio, porém, são as aulas de História sobre Napoleão e sobre a fuga da família real portuguesa.

Nessas aulas, alguns alunos se sentem motivados a fazer perguntas, algumas relacionadas à matéria e outras distanciadas do contexto histórico. Em uma das aulas, a professora usa um recurso para motivar os alunos e fazê-los prestar atenção: diz que, se ninguém falar o que foi discutido na aula anterior, ninguém visitará o museu. Diante disso, Acerola dá a explicação necessária de uma forma que prende a atenção dos colegas da turma.

A COROA do imperador. (Temporada 1, ep. 1). Cidade dos homens [Minissérie]. Direção: César Charlone. Brasil: Rede Globo; O2 Filmes, 2002. 27 min.

Atividades de autoavaliação

1. Sobre a utilização de diferentes linguagens e mídias como recursos didáticos no ensino de História, é possível afirmar:
   a) Ao elaborar recursos didáticos, o professor não deve preocupar-se com as novas linguagens e mídias, pois os recursos tradicionais são suficientes para ensinar História.
   b) O uso de linguagens não comuns como recursos didáticos deve privilegiar as linguagens e as mídias mais valorizadas e prestigiadas. Por exemplo, deve-se optar pelos textos literários em vez das histórias em quadrinhos, pois estas constituem um gênero menor.
   c) As diferentes linguagens e mídias são recursos didáticos que o professor deve conhecer e utilizar para aproximar os alunos daquilo que eles já conhecem e apresentar-lhes elementos novos.
   d) É importante trabalhar com outras linguagens e mídias, porém o professor de História deve restringir-se àquelas que tratem de algum episódio histórico.
   e) O professor deve limitar os recursos didáticos aos escritos, pois são os que mais se aproximam da História, disciplina que se apoia exclusivamente na escrita.

2. Indique se as afirmações a seguir são verdadeiras (V) ou falsas (F) no que se refere ao uso de diferentes linguagens e mídias como recursos didáticos.

( ) A literatura é uma das linguagens possíveis para a utilização como recurso didático, pois os textos literários podem ser analisados tanto como uma ficção que representa um episódio histórico quanto como um retrato da época na qual foram escritos.

( ) As fotografias são importantes recursos didáticos, pois se constituem em um retrato de uma realidade histórica. Porém, elas devem ser problematizadas como um recorte do fotógrafo.

( ) É importante considerar as notícias como recursos didáticos, pois, atualmente, elas são grandes formadoras de opinião e, muitas vezes, parecem descrições neutras da realidade, quando, na verdade, são um produto de vários fatores, como as intenções do jornalista e a linha editorial do jornal.

( ) Como recurso didático, a música pode ser explorada em sua letra e em sua melodia, as quais devem ser sempre historicizadas.

Agora, assinale a alternativa correspondente à sequência obtida:

a) F, F, F, F.
b) V, F, V, F.
c) V, V, V, V.
d) V, F, V, V.
e) F, V, F, V.

3. Sobre a utilização da literatura e da música como recursos didáticos, é correto afirmar:
   a) Ao trabalhar a música como recurso didático, o professor pode considerar tanto a letra quanto a melodia como

produtos históricos, uma vez que as músicas são resultado de um processo histórico.

b) As fotografias não são um recurso didático válido, pois, por serem um recorte do fotógrafo sobre a realidade, acabam tornando-se demasiadamente subjetivas para uma análise histórica.

c) O único gênero literário que pode ser trabalhado como recurso didático em História são os romances históricos, pois eles apresentam, ainda que com algumas partes de ficção, algo relacionado ao passado tal como ele aconteceu.

d) O uso de linguagens diferentes como recursos didáticos não precisa ser planejado. O professor de História apenas deve encontrar um material que tenha um conteúdo histórico e disponibilizá-lo aos alunos.

e) Ao trabalhar músicas, o professor só deve considerar as letras, uma vez que a melodia e os instrumentos não apresentam qualquer relevância para a História.

4. Indique se as afirmações a seguir são verdadeiras (V) ou falsas (F) no que se refere ao uso de diferentes linguagens e mídias como recursos didáticos no ensino de História.

( ) A internet é uma fonte importante de informações, porém há uma série de informações falsas e erradas no ambiente digital e, por isso, é preciso evitar sua utilização.

( ) Os meios audiovisuais são recursos didáticos relevantes. Ao trabalhar com filmes, por exemplo, o professor deve analisar quem os produziu e em qual contexto.

( ) O computador é um recurso didático importante, pois, com ele, os alunos podem produzir e acessar materiais diversos, como imagens e vídeos.

( ) O professor deve evitar o trabalho com documentos históricos, pois eles só podem ser analisados de forma teórica e por historiadores profissionais e não podem ser traduzidos para a realidade de ensino.

Agora, assinale a alternativa correspondente à sequência obtida:

a) F, F, V, F.
b) F, F, F, F.
c) V, V, V, V.
d) F, V, V, V.
e) F, V, V, F.

5. Sobre o trabalho com diferentes linguagens como recursos didáticos, **não** é correto afirmar:
   a) O que se pode compreender como diferentes linguagens e mídias são imagens, músicas, literatura, desenhos, filmes, programas de TV, programas de rádio, internet e jogos, por exemplo.
   b) Ao trabalhar com as diferentes linguagens, é preciso consider quem produziu o material, em qual contexto, com qual finalidade e para qual público.
   c) O computador é um importante recurso didático porque, além de permitir acessar diferentes linguagens e mídias, possibilita que os alunos produzam materiais em linguagens diversas.

d) O trabalho com diferentes linguagens e mídias só deve contemplar obras sobre a realidade, ou seja, livros e filmes de ficção e notícias falsas não merecem atenção em uma aula de História.

e) É importante que o professor problematize suas escolhas, optando por recursos que sejam valiosos para desenvolver determinado conteúdo e se aproximem da realidade dos alunos.

Atividades de aprendizagem

Questões para reflexão

1. Quantas vezes você, como estudante, aprendeu um conteúdo novo mediante o contato com linguagens e mídias diferentes das comumente empregadas? Como foi a atividade realizada? Ela alterou sua apreensão do conteúdo abordado? Caso você nunca tenha tido alguma experiência desse tipo, procure identificar um conteúdo que você tenha aprendido cuja abordagem poderia ter contemplado o emprego de outras linguagens para a finalidade de ensino e aprendizagem.

2. Quais linguagens e mídias (vídeos, filmes, livros, séries, gibis, fotografias etc.) você acredita que poderiam ser facilmente aplicadas em uma aula de História? E quais conteúdos poderiam ser trabalhados utilizando esses recursos?

Fabio Sapragonas Andrioni

Atividade aplicada: prática

1. Escolha pelo menos duas das linguagens ou mídias indicadas ao longo do capítulo e elabore recursos didáticos. Leve em conta os aspectos a seguir destacados: Qual conteúdo seria desenvolvido? Que tipo de análise você proporia? Quais seriam os pontos de ancoragem que justificariam a utilização desse recurso para aquele conteúdo? Como você avaliaria o trabalho dos alunos?

Capítulo 4
Livro didático: um
recurso pedagógico

Na escola, são empregados recursos bastante tradicionais para o desenvolvimento do processo de ensino e aprendizagem. São exemplos a lousa, o giz e o caderno no qual os alunos fazem anotações. Mas é preciso destacar ainda outro recurso didático bastante tradicional: o livro didático.

O livro didático é um objeto cultural complexo, pois é resultado de um conjunto de fatores, como o interesse de mercado, as opções teóricas e didáticas dos autores e as diretrizes dos programas governamentais de aquisição desse tipo de material. Por isso, o professor deve aprender a analisá-lo e conhecer suas possibilidades e seus limites. Essa atividade de análise também pode tornar-se uma atividade de ensino e aprendizagem bastante valiosa e significativa.

Neste capítulo, discutiremos a utilização do livro didático em contraposição à maneira tradicional. Para isso, primeiramente, apresentaremos a história do livro didático e a situação que caracteriza o atual contexto educacional. Depois, abordaremos as formas possíveis de realização de uma análise crítica e historiográfica do livro didático, de modo a ampliar as possibilidades dele como recurso didático.

(4.1)
O livro didático de História
como um objeto de análise

O livro didático de História apresenta a história do mundo e do país e está voltado para a utilização nessa disciplina no ensino fundamental e no ensino médio. Portanto, é nele que os alunos podem conhecer o passado do Brasil e de outros países, bem como os principais eventos e personagens da História. Mas você acredita que as visões presentes no livro didático são neutras? É importante perceber que nenhuma história é neutra. A História sempre propõe determinada interpretação sobre o que aconteceu. Além disso, uma obra didática de História nunca consegue abranger tudo o que ocorreu no passado, mas apenas um recorte.

Por apresentar uma interpretação do passado, o livro didático pode tornar-se um recurso didático em diferentes níveis. A simples leitura desse material já constitui uma forma de aprendizagem, e o professor pode utilizar o livro para ensinar os conteúdos ali presentes. O livro ainda traz atividades, sugestões de leitura e exercícios, os quais auxiliam e orientam o processo de ensino e aprendizagem. Porém, além dessas formas tradicionais de usar o livro como recurso didático, é possível considerá-lo uma obra historiográfica e, nesse sentido, sua análise pode constituir-se em uma atividade pedagógica produtiva.

Figura 4.1 – O que os alunos sabem e o que se quer que eles saibam

Calvin & Hobbes, Bill Watterson
© 1992 Watterson/Dist. by Andrews McMeel Syndication

Qualquer que seja a opção feita, é preciso ter em mente que o livro didático dificilmente seria a opção de leitura dos alunos, principalmente dos mais jovens. Para não presenciar uma situação semelhante à vivida por Calvin na tirinha da Figura 4.1, cabe ao professor ressaltar a importância do conhecimento do livro didático sem, no entanto, diminuir o conhecimento que o aluno já detém, buscando, sempre que possível, construir pontes entre essas duas esferas e atrair, com isso, a atenção do estudante para outros materiais de leitura além daqueles que normalmente ele já consome, como o próprio livro didático.

O primeiro aspecto que possibilita a realização de uma crítica ao livro didático consiste em compreender como se chegou à configuração atual dele e, para isso, convém explorar sua história.

4.1.1 História do livro didático

A história do livro didático acompanha a história do ensino de História. Os primeiros livros didáticos seguiam o modelo dos livros de catecismo. Assim, o livro apresentava perguntas e respostas que os alunos deveriam repetir oralmente e por escrito. Quando eles erravam ou esqueciam algo, eram punidos fisicamente (Bittencourt, 2008, p. 67).

Os livros didáticos de História no século XIX e em parte do século XX seguiam a mesma orientação geral de ensino. Você se lembra de quais eram as características do ensino de História nesse período? Era uma História linear, dos grandes nomes e eventos políticos. Aprender História tinha uma função cívica e consistia em decorar e memorizar esses nomes e eventos. Seguindo essa mesma característica, os livros didáticos apresentavam a História de forma linear, dividindo os conteúdos em capítulos organizados cronologicamente, acompanhados de exercícios, resumos e quadros cronológicos. Esse tipo de leitura precisava da intermediação do professor, que orientava e explicava como os alunos deveriam realizá-la. Com isso, o livro era também uma forma de as famílias acompanharem o que os filhos estavam aprendendo e de avaliarem o professor, que deveria apenas reproduzir o conteúdo desse material. Nesse cenário, o bom professor era aquele que tinha ensinado todo o conteúdo do livro, e os alunos com bom desempenho eram aqueles que conseguiam ler e memorizar o conteúdo (Bittencourt, 2008, p. 317-318).

Uma política pública para a compra, a produção e o uso do livro didático iniciou-se no **Estado Novo** (1937-1945). Por trás dessa política estava a formação da nacionalidade, um projeto encampado pelo governo por meio do Ministério da Educação e Saúde. A educação, assim, teria como finalidade a formação de valores e condutas, devendo os currículos e os materiais didáticos atender a esse objetivo também (Miranda; Luca, 2004, p. 124-125).

Durante a **ditadura militar** (1964-1985), o livro didático tinha um caráter cívico e apresentava uma versão oficial sobre a formação da nação brasileira. A História contada visava legitimar o governo militar e o regime ditatorial. Foi em virtude dessa finalidade de legitimar o governo que o livro didático de História consolidou-se como um elemento central no ensino. Em conformidade com essa finalidade política, houve também um aumento do número de crianças na escola, o que impactou diretamente a qualidade do ensino público. Os efeitos disso são sentidos até hoje. Essa massificação da educação demandou uma formação acelerada de professores para atender ao número crescente de alunos. Contudo, os professores nem sempre tinham o preparo suficiente para lecionar e, por isso, ficavam muito dependentes do conteúdo do livro didático. O livro didático adquiriu, por isso, uma grande importância e passou a existir uma demanda alta por esse produto, que, somada à dependência dos professores, fez o governo investir nos setores editoriais, o que contribuiu para a grande produção de livros didáticos. Esses materiais eram financiados e produzidos conforme orientações do governo militar. Com isso, os conteúdos sofriam influências da orientação política do regime, voltando-se principalmente à formação moral e cívica (Miranda; Luca, 2004, p. 124-125; Silva, 2013, p. 110-111).

Com o término da ditadura militar, na **década de 1980**, começaram os trabalhos de crítica aos livros didáticos, que passaram a ser vistos praticamente como o vilão da educação. Além disso, ao **longo da década de 1990 e do milênio seguinte**, houve a disseminação de novos meios de comunicação e o desenvolvimento do cinema, da televisão e da internet (Silva, 2013, p. 112-114). Nesse rol de possibilidades de novos recursos didáticos, o livro deixou de ser o principal e, muitas vezes, o único a ser utilizado para se tornar mais uma alternativa. No entanto, a realidade cotidiana e o grande número de problemas e dificuldades que os professores encontram ainda faz com que, para muitos, o livro seja o principal recurso didático (Silva, 2013, p. 117-118). De todo modo, não podemos desconsiderar que o livro didático é um material que, na história da educação brasileira, tem em torno de duzentos anos de uso (Bittencourt, 2008, p. 299).

Desde 1985, o Programa Nacional do Livro Didático (PNLD) orienta a compra de livros didáticos pelo governo no Brasil. Por exemplo, no edital para avaliação de obras didáticas do PNLD 2017, que trata dos anos finais do ensino fundamental, algumas das orientações gerais e da área de História incluíam, entre outras, determinações sobre: o limite máximo do número de páginas; o número de volume das obras; a defesa de um ensino de História que desenvolva a compreensão do mundo; a relação de textos e imagens com atividades; o desenvolvimento de conceitos específicos, como historiografia, memória e fonte; a não consideração da História como uma verdade absoluta nem como um relativismo extremo (Brasil, 2015, p. 3, 57-59). Quando as obras não são aprovadas nesse programa, os efeitos financeiros sentidos pelas editoras candidatas são bastante nocivos à sua sobrevivência, fazendo com que elas tenham de readequar-se ao mercado editorial (Miranda; Luca, 2004, p. 128).

A aquisição de livros didáticos no Brasil ocorre em grandes volumes. Calcule: cada aluno usa um livro por ano para cada disciplina e todos os alunos devem ter o próprio livro. Portanto, o mercado de livros didáticos movimenta muito dinheiro (Cassiano, 2004, p. 35).

Em 1996, o livro didático representava metade do mercado editorial brasileiro (Davies, 1996, p. 600).

Sabendo disso tudo, você se arrisca a dizer se o livro didático é ou não algo que interessa às autoridades? Como o livro didático de História é o material por meio do qual se ensina a história do país a grande parte da população, ele é, sem dúvida, alvo de interesse das autoridades. Foi assim em diferentes momentos da História, principalmente após a Segunda Guerra Mundial. Nesse período, por exemplo, o controle das autoridades políticas sobre os livros didáticos visava evitar que os ensinamentos sobre a História gerassem o acirramento de rivalidades e sentimentos de ódio entre as nações que lutaram na guerra (Bittencourt, 2008, p. 300).

(4.2)
Problematizando o livro didático

Considerando o que foi apresentado até aqui, é possível perceber a dificuldade que se impõe para a **atualização** dos livros didáticos e dos conteúdos de História. Você se lembra dos livros que utilizava na escola e da forma como os conteúdos estavam distribuídos? De fato, alguns livros didáticos pouco mudaram. As divisões da História ainda correspondem, na maioria das vezes, a uma organização cronológica, e a História, principalmente a do Brasil, segue as periodizações tradicionais como marcos explicativos das mudanças ocorridas, como a Independência do Brasil ou a Proclamação da República. Assim, por mais que se cobrem inovações, é difícil romper com essas configurações já consagradas (Bittencourt, 2008, p. 309), mesmo porque o PNLD não é enfático ao se referir a tais divisões da História.

Portanto, o que orienta as mudanças nos conteúdos e na forma dos livros didáticos são as políticas editoriais, as quais seguem as políticas de governo para a aquisição desses materiais, as leis que regulam os conteúdos educacionais, as demandas de mercado, a variação dos preços e as exigências de editais e processos de compra e venda. E o que tudo isso significa? Que nenhum livro é neutro em seu processo de produção. Os livros são resultado das relações sociais, políticas, econômicas e culturais estabelecidas na sociedade e no tempo em que foram produzidos (Schmidt; Cainelli, 2004, p. 135-136).

Após a produção do livro didático, há os processos de **distribuição e circulação**. Conforme Cassiano (2004, p. 35), a circulação do livro didático está atrelada a três condições: as diretrizes da área comercial das editoras, as políticas públicas e os direcionamentos da escola.

Aqui, cabe observar que é recente a preocupação com a elaboração de uma base comum para o ensino. A primeira versão da Base Nacional Curricular Comum (BNCC) foi publicada em 2015. Ainda em processo de implementação, ela poderá orientar a produção de livros didáticos. Foi longo processo de elaboração desse documento, que, ao fim, foi aprovado às pressas e sob uma reação de grande contrariedade da comunidade escolar. Todavia, ainda não é possível sentir os efeitos da BNCC na produção de materiais didáticos, já que os últimos editais do PNLD para o ensino fundamental e o ensino médio foram lançados em 2015 e 2017. Portanto, por não se basearem em uma orientação referente a um currículo nacional único, os livros didáticos apresentam os mais variados temas e abordagens.

Nesse contexto, destacam-se as campanhas de divulgação de suas obras que as editoras promovem com foco nos professores, nos setores pedagógicos e na direção das escolas. Desse modo, muitos livros didáticos são produzidos e editados com vistas a seduzir os principais consumidores, ou seja, os que decidem se devem ser comprados: os professores e os profissionais dos setores pedagógicos. É comum que as editoras ofereçam cursos aos docentes, disponibilizem materiais complementares e apresentem suas obras como algo inovador (Bittencourt, 2008, p. 311-312).

A última ponta desse processo é a **utilização do livro** em sala de aula, realizada pelo professor com os alunos. Apesar de os estudantes não participarem da decisão de escolha do livro, o professor, hoje, tem a liberdade de, junto com eles, empregar outros recursos didáticos ou até dar novos sentidos ao trabalho com o material que tem em mãos.

Nesse cenário, há, ainda, o papel dos sistemas de ensino. As escolas contratam determinado sistema de ensino e, no pacote, adquirem também um material didático. Esse modo de produção de materiais didáticos gera quase uma indústria, que emprega graduados e pós-graduados em um processo que passa pela produção, pela venda, pela oferta de apoio pedagógico às escolas parceiras e pela prestação do serviço de pós-venda, que consiste em treinar os professores para utilizar o material e esclarecer suas dúvidas.

No que se refere a esses materiais em especial, cabe refletir sobre o modo como são construídos, ou seja, é preciso questionar se, nesse processo de produção, foram consideradas as diversas particularidades das escolas das diferentes regiões do país, se assumem uma forma fixa e pouco maleável ou se são adaptados conforme o mercado. Há de se ponderar também sobre o papel dos professores no processo de elaboração e escolha desses materiais. Outra variável a ser examinada nesse contexto diz respeito à ação de grupos educacionais estrangeiros no mercado educacional brasileiro, o qual é bastante lucrativo. Portanto, esses materiais que integram sistemas de ensino podem ser analisados da mesma forma que um livro didático tradicional (Munakata, 2012, p. 191).

4.2.1 Limitações do livro didático

Ao longo de tempo, o livro didático foi investido de uma carga negativa, especialmente pela sua presença tão impositiva durante a ditadura militar. Ele foi considerado um dos principais responsáveis pelos problemas do ensino que surgiram desde então. Porém, trata-se de um recurso didático importante, que não deve ser descartado ou transformado em vilão, ainda mais porque, pelas dificuldades financeiras, logísticas e de tempo que o professor encontra em sua rotina diária, acaba por se tornar bastante útil (Davies, 1996, p. 602).

Bittencourt (2008, p. 300) concorda que os livros didáticos são, muitas vezes, criticados demais e situados entre os principais males do ensino. Todavia, para a autora, muitas dessas críticas são feitas considerando-se um livro didático ideal, o que é impossível, já que não existe um único enfoque possível para a História. Por isso, é necessário entender que o livro didático não é um recurso infalível (Bittencourt, 2008, p. 300-301).

Ao se reconhecerem as limitações do livro didático, novas possibilidades de trabalho com ele surgem. As propostas que o professor eventualmente busca realizar com recursos didáticos alternativos, como recortes de jornais e músicas, não são diferentes das que ele pode desenvolver com o livro didático. Assim, cabe a pergunta: Por que não trabalhar, às vezes, com o que já está em mãos? Um profissional com um conhecimento a respeito de como elaborar e aplicar recursos didáticos conseguiria, nessa situação, remediar e contornar os problemas e as falhas inerentes ao livro didático (Davies, 1996, p. 602).

Hoje, não se espera que o professor utilize o livro didático em sua totalidade, já que ele é visto como mais um recurso didático. Portanto, por mais que seja usado como um suporte, é esperado que o docente também busque textos e documentos complementares. Muitas vezes, os próprios livros didáticos fornecem indicações de livros, filmes e materiais digitais, o que sugere que as próprias editoras reconhecem que o livro em si não basta e não deve constituir o único material a ser empregado no ensino (Bittencourt, 2008, p. 310-311).

    O livro didático não serve somente para a leitura. Assim, apesar de a escola comprar o livro e repassá-lo ao professor para que este o utilize em sala de aula, o docente é livre para usá-lo como desejar. O educador pode seguir as orientações apresentadas no material, mas também é possível utilizá-lo de acordo com seus objetivos de ensino. Assim, entre outras possibilidades, pode pedir aos alunos que leiam e resumam determinado conteúdo em seus cadernos; pode destacar parte do conteúdo na lousa e solicitar aos alunos que copiem o novo texto; pode ler o livro coletivamente com os alunos. Também estes são livres para manipular o livro da forma como desejarem. Assim, nem sempre o livro é utilizado conforme a indicação apresentada pelos autores e pela editora ou mesmo com a finalidade essencial para a qual foi elaborado (Munakata, 2012, p. 185-186).

    Hoje, há uma grande quantidade de livros didáticos disponíveis no mercado. É possível afirmar que pode haver tantos livros didáticos de História quantos forem as interpretações, os recortes e as temáticas que se podem propor. A diversidade de livros didáticos de História acompanhou a diversificação historiográfica no Brasil, observada a partir da década de 1970 e, principalmente, após o fim da ditadura militar. Ocorreu, nesse período, o crescimento dos estudos históricos, das pesquisas e das publicações na área, o aumento do número de cursos de pós-graduação e, portanto, a ampliação das reflexões sobre o ensino de História, bem como o crescimento do mercado editorial. Esse processo se intensificou e atingiu seu ápice ao longo da década de 1990 e no novo milênio (Rago, 1999, p. 73; Salles, 2011, p. 1-3).

O que Rago (1999, p. 73) comenta sobre a historiografia nas décadas de 1980 e 1990 serve também para ponderarmos sobre a produção mais contemporânea de livros didáticos:

> *vivemos, ao mesmo tempo e contraditoriamente, um período de florescimento cultural e intelectual em muitos campos, como na música e no teatro, o que se explica, em grande parte, pelo próprio crescimento urbano-industrial, pela expansão do mercado editorial, publicitário e artístico, pelo desenvolvimento das telecomunicações em todo o país e, especialmente, pelo relativo fortalecimento econômico das camadas médias.*

Isso significa que novos grupos sociais, étnicos e sexuais, como os movimentos feminista e negro, o movimento operário, os jovens e outros grupos que começaram a ocupar seu espaço na vida pública, lançaram novas questões e reivindicações e ampliaram os padrões culturais, materiais, estéticos e de consumo. Houve, portanto, um movimento marcado pela pluralidade, que possibilitou diversos enfoques, como as questões de gênero, as relações raciais, a distinção entre público e privado, a reflexão sobre a ciência e a religião como visões possíveis do mundo e a discussão sobre a historicidade da mídia (Rago, 1999, p. 74; Salles, 2011, p. 1-3).

Desse modo, de um lado, havia um mercado editorial com investimentos desde a ditadura militar e, de outro, uma ampliação temática da História. A soma desses dois fatores colaborou para a proliferação dos livros didáticos, que agora abrigavam temáticas diversas e contavam com possibilidades de publicação. Essa ampliação também estava relacionada ao desejo de instauração de uma área de atuação e uma abrangência maiores e, com isso, de um universo maior de leitores. Isso se refletiu na produção de escritas diferentes, com finalidades próprias. Nesse sentido, surgiram livros com abordagens que se pretendiam inovadoras ou que buscavam filões ou enfoques inexplorados, com o objetivo de atender aos diferentes públicos (Rago 1999, p. 94).

(4.3) O USO DO LIVRO DIDÁTICO NA ESCOLA: RECURSO PEDAGÓGICO E OBRA HISTORIOGRÁFICA

Qual é sua impressão sobre o livro didático? Provavelmente, você já deve ter ouvido muitas coisas positivas e negativas sobre ele. Contudo, como Davies (1996, p. 602) alerta, o livro didático não é um problema para a educação. Ele se torna um problema em razão das diversas falhas que existem no sistema educacional brasileiro. Pense no seguinte: se há um professor bem remunerado, bem preparado teoricamente em História e com bons conhecimentos em didática, com tempo para elaborar aulas e contando com alunos empenhados, um livro didático com falhas pode ser problematizado e todas elas podem ser revertidas em situações de aprendizagem. Por outro lado, imagine um professor que ainda se encontra em processo de formação, precisa assumir algumas aulas para obter uma renda, dispõe de pouco tempo para a preparação das aulas e se depara com alunos desinteressados. É bastante provável que esse professor não consiga desenvolver boas situações de aprendizagem, independentemente de o livro didático ser bom ou ruim. Logo, não é possível atribuir os problemas educacionais exclusivamente à qualidade do livro didático. Ele é apenas mais um componente de todo o processo.

Importa ressaltar aqui a concepção de que o livro didático deve funcionar conforme o entendimento do professor. É possível usar um livro didático falho ou ideologicamente marcado de uma forma muito positiva. Porém, se o professor quiser deixar o livro didático "ensinar sozinho", ocorrerão os problemas normalmente atribuídos a esse material (Davies, 1996, p. 603-604).

No âmbito da discussão acerca especificamente do uso do livro didático de História, cabe questionar se ele pode ser tomado como uma obra de escrita da História, ou seja, um objeto da historiografia. Sim, é possível interpretá-lo dessa forma. Todo livro didático da área conta determinada História. O autor seleciona os acontecimentos que considera importantes para explicar os processos históricos. Portanto, cabe analisar o livro didático como uma obra historiográfica, ou seja, de escrita da História. Ao problematizar o livro dessa forma, o professor possibilita que os alunos desenvolvam uma visão mais analítica e crítica acerca do material didático

Um modelo adequado para essa análise é aquele que o filósofo francês Michel de Certeau (2002) apresenta em seu texto "A operação historiográfica", que integra a obra *A escrita da História*, segundo o qual cada obra histórica é uma produção localizável, isto é, pertence a seu tempo. Os métodos empregados na elaboração da obra, os conceitos e os termos utilizados para definir os objetos de estudo contemplados e até como se desenvolve a narrativa, tudo isso está relacionado às condições em que a obra foi escrita.

As obras sobre a História são localizáveis por terem sido escritas em determinada época e concebidas em um meio específico. Por isso, é importante levar em consideração as instituições a que os autores dos livros estão associados, o tipo de historiografia e de abordagem temática que elas produzem e a região do país em que estão situadas (Certeau, 2002, p. 65).

No caso do livro didático, esses aspectos são bastante complexos, pois há o local e o momento de produção, de circulação e de consumo, tendo em vista que ele é elaborado considerando quem pode adquiri-lo. Por isso, o livro didático caracteriza-se como **mercadoria** e é produzido com essa finalidade (Bittencourt, 2008, p. 301).

E quais são as principais instituições que orientam a produção de livros didáticos? São o governo e o legislativo, pois eles decidem, por meio das políticas nacionais de ensino e das leis, quais devem ser os conteúdos ensinados. Um exemplo dessa situação foi a promulgação da Lei n. 10.639, de 9 de janeiro de 2013, que tornou obrigatória a temática de história e cultura afro-brasileira. Isso levou as editoras a incluir esse assunto em seus livros, a fim de continuarem ativas no mercado. Além disso, o governo avalia os conhecimentos dos alunos que concluíram a educação básica por meio do Exame Nacional do Ensino Médio (Enem). É preciso considerar, ainda, as universidades e suas provas de ingresso, que também servem de guia para a elaboração de livros didáticos (Bittencourt, 2008, p. 301-302).

Portanto, a produção de um livro didático de História ultrapassa o tempo e os lugares institucionais de sua elaboração e envolve as orientações dos diferentes níveis do governo e das instituições públicas, as quais interferem na configuração do conteúdo e na metodologia do material.

Além desse aspecto, é necessário ponderar que o livro didático é também uma **obra historiográfica** porque implica a articulação de uma prática determinada, que envolve o conjunto metodológico e teórico que embasa a escrita e a elaboração da obra. Dessa forma, a atividade didática realizada com os alunos deve ter como ponto de partida elementos do livro, como o texto escrito e os recursos que ele contempla. Os livros didáticos, não raro, apresentam um prefácio que descreve e explica os pressupostos metodológicos, teóricos e didáticos, os quais devem orientar a organização temática e a composição textual e editorial do livro didático.

A análise que se pode desenvolver consiste em atentar aos conceitos adotados no livro para definir e explicar a História. Atribuir a algum acontecimento a denominação de *revolução, mudança, rompimento, manutenção* ou *destruição* envolve perspectivas ideológicas, teóricas e metodológicas. Além disso, a maneira como os conceitos e as ideias são concatenados também revela esses pressupostos (Certeau, 2002, p. 66-67). Assim, há um passado que é construído no livro.

Essa atividade de análise do livro didático, assim como de qualquer outro objeto historiográfico, permite refletir acerca da construção do passado não como um produto final, mas como uma possibilidade de leitura da realidade passada. O livro didático cria uma percepção sobre o tempo, a velocidade com a qual os eventos ocorrem e a duração dos acontecimentos, além de dar um sentido para a História (Certeau, 2002, p. 96-99). É importante conscientizar os alunos a respeito disso e do fato de que todos podem participar da construção de uma interpretação sobre o passado, o que faz da História uma disciplina bastante interativa (Certeau, 2002, p. 80).

Outra forma de analisar o livro didático é investigar seus autores, suas formações e suas trajetórias. Essa investigação dá indicações relevantes a respeito dos aspectos teóricos relativos à concepção da obra, ou seja, conhecer os autores e seus alinhamentos teóricos auxilia na compreensão das opções teóricas e metodológicas feitas na elaboração do livro (Certeau, 2002, p. 66-67, 78-79, 95).

Com relação ao livro didático, é preciso avaliar, além dos elementos relacionados à teoria e à metodologia da História, se a concepção didática da obra, as atividades propostas e a maneira como a narrativa histórica é construída correspondem às concepções didáticas e históricas descritas no material (Bittencourt, 2008, p. 302; Schmidt; Cainelli, 2004, p. 136). É importante identificar aquilo de que o livro não trata ou o que não propõe, o que deixa de fora e não menciona, pois isso é revelador das posições ideológicas e teóricas do autor.

Ao se analisarem os pressupostos teóricos, metodológicos e didáticos de um livro, também se descortinam os aspectos ideológicos, pois todas essas concepções não são produtos individuais, e sim de setores da sociedade. Estão ligadas a determinadas formações coletivas e institucionais, que assumem posicionamentos políticos, sociais, econômicos e culturais na sociedade (Certeau, 2002, p. 71-75).

(4.4) Como trabalhar o livro didático com os alunos

Um primeiro ponto a se considerar é que quem decide pela compra do livro não são os alunos. Como profissional de História, o professor tem a chance de levá-los a participar desse processo, o que significa incentivá-los a fazer uma análise didática do livro e a discutir se os elementos propostos na apresentação do material são concretizados ao longo de seu desenvolvimento.

Um dos trabalhos que podem ser realizados consiste em analisar o livro didático historiograficamente. O sucesso dessa atividade depende essencialmente da atuação professor.

Esse tipo de atividade tem duas funções. Uma delas diz respeito à especificidade do trabalho com alunos adolescentes, que, normalmente, tendem à rebeldia e à postura de desafio diante da autoridade. Esse trabalho com a obra didática é uma maneira de canalizar essa vontade para uma atividade didática e de crítica a uma autoridade imposta: a do livro didático (Schmidt; Cainelli, 2004, p. 137).

A outra função, mais geral, refere-se ao desenvolvimento da consciência de que o livro didático não é um conhecimento absoluto, mas um conhecimento histórico possível conforme a época na qual foi produzido. Essa atividade vai além de identificar a data de publicação do livro e implica entender o posicionamento teórico e a concepção de História e de educação presentes no livro. Também contribui para a **formação crítica** dos alunos e amplia a capacidade de **interpretação de discursos**, principalmente o histórico, não como produtos finais, absolutos, e sim como um conhecimento parcial. Permite, ainda, estabelecer uma relação menos engessada com o livro didático e pode despertar o interesse em buscar conhecimentos por meios alternativos.

Esse tipo de trabalho ajuda os alunos a perceber que nenhuma historiografia, incluindo o livro didático, é neutra. Todos os livros didáticos encerram um posicionamento sobre e na sociedade ao se optar por determinada abordagem histórica e educacional. Assim, acreditamos que é importante incentivar os alunos a reconhecer os limites e as posições do livro didático para que possam buscar informações complementares. Além disso, essa proposta dá uma nova dimensão ao livro, mais dialógica e negociada com os alunos, e auxilia o professor na justificação da escolha do livro (Certeau, 2002, p. 76).

Outro ponto importante na análise da obra didática é identificar, além da linguagem utilizada e da forma como os acontecimentos são conectados, as fontes selecionadas para a reconstrução do passado (Certeau, 2002, p. 81-82).

Cabe examinar, ainda, a capa do livro, considerando-se os elementos gráficos presentes e o título, que revelam algo sobre os propósitos da obra e a compreensão acerca da História que ela contempla. É possível estender essa análise para os demais elementos gráficos que compõem o material, os quais atendem ao mesmo tempo a objetivos mercadológicos e didáticos.

Procure se lembrar dos livros didáticos de História que você utilizou na escola ou manuseou em outras oportunidades. É provável que você se recorde de alguma figura ou ilustração contida no livro. Os elementos gráficos estão bastante relacionados aos conteúdos históricos apresentados no livro (Bittencourt, 2008, p. 312). Não é raro, aliás, que a lembrança do livro didático seja pela capa e não pelo título. Conforme Bittencourt (2008, p. 320), muitas vezes isso ocorre porque o professor não analisa nem problematiza, por exemplo, o título do livro didático.

Os agentes que produziram o livro também podem ser objeto de análise. Se fizermos um levantamento de todos os que participaram da produção de uma obra didática, veremos que há muitos outros sujeitos envolvidos além dos autores.

No entanto, ao analisar um livro de História com os alunos, o professor deve ter como preocupação central a História que o livro apresenta. É fundamental sempre ter em mente que os autores desenvolvem os conteúdos conforme propostas curriculares e seguem determinadas orientações metodológicas e teóricas no tocante ao conhecimento histórico e à didática da História. Os livros didáticos costumam reunir vários enfoques sobre a História, o que, algumas vezes, contraria a apresentação da obra quando, nesse texto inicial, é sugerido que o material concentra-se em uma única abordagem. Também é possível analisar os livros citados e indicados, assim como os documentos tomados como objetos de estudo na obra (Bittencourt, 2008, p. 313-316).

Imagine que divertido ou mesmo inusitado seria para os alunos se eles pudessem escolher as atividades do livro didático que teriam de realizar. Essa escolha implicaria fazer as atividades que se relacionassem com os conteúdos de que os alunos mais tenham gostado. Esse tipo de abordagem possibilita a aprendizagem dos temas que mais agradaram aos alunos e evidencia a confiança que o professor tem neles, pois lhes dá autonomia e responsabilidade pela escolha.

Nos livros didáticos, a História costuma ser apresentada como uma verdade fixa e incontestável e não se considera toda a gama de leitores possíveis. As obras parecem supor um leitor universal e ideal, raramente abrindo espaço para o diálogo. O problema que se pode perpetuar, nesse caso, é fazer uma mera reprodução de um conteúdo que, muitas vezes, não contempla uma linguagem adequada aos alunos. É preciso, sim, considerar o livro didático um suporte, porém é necessário buscar outras linguagens e outros materiais. Assim, mostra-se aos alunos que a História não é um discurso fechado e que nem tudo já foi dito sobre o passado.

Portanto, a escolha dos conteúdos a serem trabalhados não deve ser totalmente unilateral. Evidentemente, não é possível negociar tudo com os alunos, pois não haveria tempo suficiente para isso. Entretanto, o professor pode consultá-los para verificar se estão assimilando determinadas abordagens. As avaliações também servem para esse propósito. Nesse cenário, o planejamento concernente ao uso do livro didático não deve ser fixo ou fechado, sobretudo se o professor perceber que os alunos não estão aproveitando o conteúdo proposto pelo livro. Não se pode esquecer que o principal não é o livro, e sim o que é ensinado e aprendido. O livro é apenas um instrumento para alcançar determinado fim (Bittencourt, 2008, p. 316-317).

Cabe ao professor, pois, estimular os alunos a ler as obras históricas, como os livros didáticos, de forma **crítica**, **analítica** e **problematizadora**. É importante que eles saibam qual editora publicou o livro, em qual cidade está localizada, quem são os autores e qual é a formação acadêmica deles, entre outras informações que permitam compreender a obra como algo elaborado e construído em determinado tempo e lugar. Os alunos também devem ser incentivados a folhear o livro e a discutir a relevância do índice para identificar os conteúdos. Com isso, eles podem conhecer os temas sem esperar algo imposto pelo professor. Isso lhes dá autonomia, até mesmo para que busquem outros materiais e saibam como interagir com um material novo, desenvolvendo a capacidade de pesquisa e estudo. Esse tipo de consciência contribui para aumentar a vida útil do livro e evitar que pareça algo descartável ao se cumprir mais um ano letivo (Bittencourt, 2008, p. 320-321).

Essa atividade pode, por fim, instrumentalizar os alunos para fazer a leitura crítica de propostas que buscam parecer neutras ou que não demonstram um posicionamento definido.

4.4.1 Pontos de destaque na análise do livro didático de História

Uma linha de análise interessante refere-se às relações estabelecidas, no livro didático, entre o que se denomina *história geral* e *história do Brasil*. Um primeiro ponto para o qual é preciso atentar é se a **história do Brasil** aparece articulada à história da Europa ou da América ou se a história do Brasil é apresentada como distinta das demais.

A forma como estão relacionadas no livro revela a concepção de história geral que ele contempla. Não é raro encontrar livros em que a História se inicia na Mesopotâmia ou no Egito Antigo, passa pela Grécia Antiga, como o berço do mundo ocidental, e estende-se até os dias atuais. Portanto, é uma História que se centra em um processo de dominação da Europa sobre o mundo. Por outro lado, a história do Brasil aparece, em grande parte, como um prolongamento dessa história geral.

Outro aspecto a ser analisado é a **regionalização** ou **periodização** da História, ou seja, se a História é dividida por lugares, como história da Inglaterra, da América e de Minas Gerais, ou por períodos, como História Contemporânea, história do Brasil Império e da República Nova. Esses recortes pressupõem escolhas, e não uma constatação de que os eventos, na prática, ocorreram separados por regiões e períodos. Tudo isso pode ser objeto de trabalho com os alunos e tornar-se muito significativo para eles.

É possível discutir com os alunos o que é a história do Brasil e questionar qual é a real possibilidade de dar conta, no livro didático, de todos os assuntos referentes a tudo o que aconteceu ao longo do tempo no recorte geográfico que é o Brasil. Ao abordarem a história do Brasil, os autores selecionam os eventos e os processos que consideram fundamentais e muitos outros temas deixam de ser enfocados. Refletir sobre essas ausências e as explicações dadas a determinados acontecimentos é um trabalho que pode ser desenvolvido em sala de aula.

Outra questão que pode ser analisada é quando "começa" o Brasil. O **território** que hoje constitui o Brasil, além de ter sido habitado por centenas de povos diferentes antes da chegada dos europeus, teve áreas que pertenceram a outras metrópoles europeias além de Portugal (Espanha, Países Baixos e França) e a outros países sul-americanos (Paraguai, Guiana Francesa e Bolívia). Além disso, o território já foi mais que uma colônia portuguesa (quando o Brasil foi Reino Unido de Portugal e Algarves) e, ainda que por pouco tempo, já esteve dividido em mais do que um país independente (durante a Confederação do Equador ou a Revolução Farroupilha, por exemplo). É interessante comentar com os alunos que o Brasil que conhecemos hoje é resultado desses processos. A análise do livro didático pode incluir a investigação acerca da forma como o material compreende o passado de uma nação e atribui sentidos a essa realidade histórica.

Como mencionamos anteriormente, é importante perceber a relevância das imagens usadas no livro e de sua organização gráfica.

No caso do livro didático de História, cabe questionar, por exemplo: Quais imagens são utilizadas ao abordar o conteúdo de história medieval? Um homem montado em um cavalo? Um clérigo? Uma igreja? Pessoas trabalhando na terra? Essas ilustrações aparecem acompanhadas de algum texto? As imagens, os destaques dados a elas, a existência ou não de uma explicação associada, tudo isso se constitui em textos, transmite uma mensagem e, por isso, pode ser trabalhado com os alunos.

Também é preciso ter cuidado com os **conceitos** apresentados e averiguar se eles estão investidos implicitamente de juízos de valores. Quando se aborda a história da Idade Média, por exemplo, uma possibilidade é discutir a ideia por trás da palavra *bárbaro*. O que esse termo denota? Normalmente, a noção de atrasado e inferior. Mas inferior em relação a quê? Ou a quem? Quem identificou outro povo como bárbaro? Todas essas questões e outras ainda podem ser colocadas em discussão nesse momento.

Um aspecto que merece atenção são as **atividades** que o livro didático propõe. Essas tarefas podem ter diversas funções, como a fixação de conceitos e de definições elementares. Também podem ser avaliativas, visando atribuir uma nota ou um conceito para medir a apreensão que os alunos tiveram de um conteúdo. É possível, ainda, que tenham caráter preparatório para vestibulares ou outras provas, podendo ser de múltipla escolha ou discursivas. Há também as propostas que buscam relacionar o conteúdo com filmes, *sites*, vídeos e outros elementos mais atuais.

O professor de História deve entender a especificidade de cada uma dessas atividades e identificar o melhor momento para aplicá-las. Muitas vezes, não precisa segui-las rigorosamente, sendo mais adequado adaptá-las conforme suas necessidades.

Síntese

Neste capítulo, tratamos do livro didático, que, particularmente em História, consiste no livro-base para o estudo da disciplina. Destacamos que esse material apresenta a História, ou seja, como os eventos ocorreram no passado, mas que essa apresentação nunca é neutra – é sempre uma construção dos autores e da editora sobre determinado recorte do passado.

Por isso, o livro didático pode ser utilizado de duas maneiras. A primeira é a forma padrão, que implica ensinar os conteúdos que ele aborda e propor a realização das atividades que ele contém. A segunda forma consiste em problematizar e discutir o livro com os alunos. Nessa análise, o professor deve orientá-los a examinar as condições de produção do livro, os elementos escritos e imagéticos, os títulos, a linguagem empregada e as atividades propostas. Com isso, os alunos desenvolvem uma visão mais crítica acerca do livro e do discurso histórico, o que também se estende, como competência, à leitura crítica de outros discursos que não somente o histórico.

Essa abordagem faz com que os alunos consigam ir além do uso tradicional do livro. No passado, o livro didático de História era utilizado como um dos únicos recursos didáticos possíveis. Ele era fundamental para toda a atividade do professor e servia às finalidades políticas dos governos, principalmente durante a ditadura militar. Porém, desde a década de 1980, as temáticas presentes nos livros didáticos se proliferaram, assim como o número de obras disponíveis no mercado. Essa realidade demanda ainda mais uma leitura crítica por parte dos alunos para que eles saibam avaliar os limites e as possibilidades dos livros com os quais estudam.

Fabio Sapragonas Andrioni

Indicações culturais

Há diversas revistas acadêmicas disponíveis na internet, as quais abordam temas diversos, como história regional, história do tempo presente e História Antiga. A seguir, destacamos algumas ferramentas, *sites* e portais que podem ser consultados.

CAPES – Coordenação de Aperfeiçoamento de Pessoal de Nível Superior. **Portal de Periódicos.** Disponível em: <www.periodicos.capes.gov.br/>. Acesso em: 5 jul. 2019.

A base de periódicos da Capes é uma biblioteca virtual que permite o acesso a uma série de revistas acadêmicas disponíveis na internet.

CAPES – Coordenação de Aperfeiçoamento de Pessoal de Nível Superior. **Catálogo de teses e dissertações.** Disponível em: <http://catalogodeteses.capes.gov.br/catalogo-teses/#!/>. Acesso em: 5 jul. 2019.

Outra fonte importante de materiais acadêmicos é o banco de dissertações e teses da Capes, que abriga grande parte do material produzido em programas de mestrado e doutorado do país.

GOOGLE ACADÊMICO. Disponível em: <https://scholar.google.com.br/>. Acesso em: 5 jul. 2019.

O Google Acadêmico é uma base de dados bastante útil para estudantes e pesquisadores. Por meio de buscas no sistema, o usuário consegue encontrar publicações de áreas variadas, como artigos científicos, dissertações e teses.

SCIELO – Scientific Electronic Library Online. Disponível em: <https://www.scielo.org/>. Acesso em: 5 jul. 2019.

Na plataforma da Scielo, é possível acessar periódicos científicos brasileiros e de toda a América Latina. Essa biblioteca digital também reúne revistas com temáticas diversas.

Atividades de autoavaliação

1. Sobre o livro didático de História, é correto afirmar:
   a) Todo livro didático é neutro. Desse modo, não existem tantos livros disponíveis, já que cada um apresenta uma verdade definitiva sobre a História.
   b) Todo livro didático é resultado das opções teóricas e metodológicas dos autores, as quais estão associadas a seus lugares institucionais.
   c) Não se trata de um recurso didático, pois nele não existe preocupação didática. Ele tem a função única de ser lido pelos alunos fora da sala de aula.
   d) O livro didático é o único recurso de que o professor precisa para elaborar as aulas de História; ele fornece todos os conteúdos e demais elementos didáticos necessários.
   e) O livro didático deve ser abandonado para que o professor possa desenvolver uma atividade de ensino-aprendizagem realmente significativa.

2. Indique se as afirmações a seguir são verdadeiras (V) ou falsas (F) no que se refere à história do livro didático.
   ( ) Durante muito tempo, o livro didático expressou uma visão linear da História, apresentando apenas aqueles que eram considerados os grandes nomes e eventos.
   ( ) A renovação das temáticas dos livros didáticos de História teve início na década de 1980, acompanhando a proliferação das temáticas da historiografia.
   ( ) Durante a ditadura militar, esperava-se que os professores seguissem o conteúdo do livro didático, que apresentava uma visão de história cívica.

( ) Uma política pública que regulava a compra, a fabricação e o uso do livro didático surgiu no Estado Novo, atendendo a uma orientação de valorizar a formação da nacionalidade.

Agora, assinale a alternativa correspondente à sequência obtida:

a) F, V, F, V.
b) V, V, V, F.
c) V, V, F, F.
d) V, V, V, V.
e) F, F, F, F.

3. Assinale a alternativa correta sobre o livro didático:
   a) Até hoje, o livro didático serve para os pais avaliarem o trabalho docente. Quando o professor não cumpre o conteúdo do livro didático, ele falha em sua função.
   b) O livro didático é um suporte para o professor. Ele o ajuda a desenvolver e aplicar atividades de aprendizagem e pode colaborar para a elaboração dos conteúdos.
   c) O livro didático é um grande vilão; o professor precisa utilizá-lo porque é imposto pela escola. Porém, em sala de aula, deve evitá-lo a todo custo.
   d) Para preparar uma boa aula, o professor só precisa do livro didático e basta resumir seus conteúdos no quadro para os alunos copiarem.
   e) O livro didático é um recurso didático excelente; basta que os alunos façam a leitura dos textos e os exercícios propostos para que aprendam e fixem os conteúdos.

4. Identifique, entre os elementos a seguir, quais podem ser utilizados para analisar o livro didático.

A – Imagens
B – Autores
C – Linguagem
D – Divisões temáticas
E – Divisões cronológicas
F – Apresentação
G – Capa
H – Editora

Agora, assinale a alternativa que indica corretamente os elementos identificados:

a) A, B, C, D, E, F, G e H.
b) A, C, D, E, F e G.
c) B e H.
d) A e C.
e) Nenhum.

5. Assinale a alternativa **incorreta** com relação ao uso do livro didático em sala de aula:
   a) É possível problematizar histórica e historiograficamente vários elementos do livro didático.
   b) O livro didático é apenas mais um recurso didático entre tantos outros.
   c) O livro didático é um suporte importante para o professor, mas não pode ser o único.
   d) O livro didático pode ser problematizado e discutido como uma obra historiográfica.
   e) O trabalho com o livro didático não suporta atividades diferentes daquelas presentes no próprio material.

Atividades de aprendizagem

Questões para reflexão

1. Se você fosse produzir um livro didático, que visão de História gostaria de apresentar? Como seria a organização dos conteúdos? Como relacionaria a história regional e a história do Brasil com a história mundial? Que tipo de imagem privilegiaria? Como conceberia as atividades?

2. Procure se lembrar dos livros didáticos com os quais você já estudou. Que elementos mais ficaram em sua lembrança? Uma imagem, um título, uma atividade ou alguma informação complementar? Tente recordar também da forma como seu professor trabalhava com o livro didático. Era uma abordagem crítica ou ele se restringia aos conteúdos e às atividades propostos?

Atividade aplicada: prática

1. Selecione um livro didático de História que você tenha utilizado no ensino fundamental ou no ensino médio ou algum livro usado por algum parente, amigo ou conhecido. Você pode, ainda, fazer um empréstimo em uma biblioteca. Definido o livro, identifique os autores, a editora e os profissionais que participaram de sua produção. Depois, leia a apresentação da obra e verifique quais são os princípios teóricos, metodológicos e didáticos. Avalie se os capítulos seguem essas diretrizes indicadas no texto de apresentação.

Depois de conhecer o conteúdo escrito do livro, analise a linguagem e os conceitos empregados. Observe como são usadas as imagens e como se articulam com o texto. Analise também as atividades e os exercícios propostos e confira se eles condizem com os princípios descritos como norteadores do material. Avalie os títulos dos capítulos e o modo como estes foram organizados, se a divisão é temática ou cronológica. Analise a capa e reflita sobre a relação desse elemento com o conteúdo. Por fim, elabore pelo menos duas atividades que poderiam ser desenvolvidas utilizando o livro examinado.

Fabio Sapragonas Andrioni

Capítulo 5
Espaços não
convencionais para
atividades educacionais

A educação não pode ficar restrita ao espaço da sala de aula e ao ambiente escolar, isto é, os alunos não devem estudar e aprender somente enquanto estiverem na instituição de ensino. Há vários outros espaços em potencial que podem acolher atividades educacionais no âmbito da disciplina de História, de forma organizada e planejada.

Neste capítulo, analisaremos três possibilidades de espaços não convencionais para a realização desse trabalho. Uma delas corresponde à cidade em que vivemos. Outra abrange os museus, os arquivos e as bibliotecas. Por fim, a terceira, mais incomum, refere-se aos cemitérios.

O objetivo é que, com as diretrizes apresentadas aqui, você possa ter condições de aprofundar seus conhecimentos para identificar outros espaços não convencionais.

(5.1)
O USO DE ESPAÇOS NÃO CONVENCIONAIS PARA O ENSINO E A APRENDIZAGEM EM HISTÓRIA

Os espaços convencionais para as atividades de ensino e aprendizagem são as instituições educacionais e suas acomodações. Os mais tradicionais são a escola e a sala de aula.

Logo, os espaços não convencionais para as atividades educacionais são os lugares que, normalmente, não se destinam a essa finalidade. Particularmente na disciplina de História, sair dos espaços convencionais de ensino possibilita que os alunos utilizem o conhecimento histórico e crítico adquirido para se relacionar com o mundo.

Estudar essa disciplina desenvolve a capacidade de ler e interpretar o mundo e cabe ao professor incentivar os alunos a fazer essa leitura de uma perspectiva crítica, pautada na História. Com isso, evita-se que o conhecimento histórico seja adquirido apenas para obter determinada nota em uma prova, evidenciando-se sua importância em outras esferas que não apenas a escolar. Aprender História em espaços não convencionais permite que o conhecimento não fique restrito ao ambiente da escola e da sala de aula e torna-o mais significativo para os alunos. É preciso observar, ainda, que todos os locais têm alguma historicidade, logo, são potencialmente favoráveis ao aprendizado da História.

(5.2)
A CIDADE COMO ESPAÇO DE HISTORICIDADE

A casa em que cada um mora tem historicidade. Esse espaço, porém, é essencialmente subjetivo, ou seja, a memória[1] e a história que cada pessoa estabelece com os elementos de sua casa diz mais respeito a si mesma do que à coletividade.

Um exemplo de lugar repleto de historicidade e que se investe de mais objetividade é a cidade em que vivemos. Os alunos certamente têm relações subjetivas com sua cidade, ou seja, há determinados lugares em que aconteceram eventos marcantes em sua vida e cada lugar imprime uma marca particular nas pessoas. Contudo, a cidade, além dessas experiências pessoais, apresenta espaços que são compartilhados coletivamente pelos grupos sociais e que, assim, adquirem um caráter mais objetivo. Por essa razão, na cidade existe uma pluralidade de aspectos a serem explorados e trabalhados com os alunos.

---

1   A memória, aqui, é entendida como um elemento coletivo, e não individual. Esse entendimento segue os moldes propostos por Le Goff (1990, p. 423-484) em seu texto sobre memória. Nessa perspectiva, a memória corresponde aos elementos que, compartilhados por uma comunidade, criam uma aparência de passado comum e que, por isso, conferem identidade àquele grupo.

Conforme Pesavento (2002, p. 1-3), a cidade é, por um lado, um reflexo do mundo e um **microcosmo do real** e, por outro, um **macrocosmo do social**, uma vez que nela se acumulam e se manifestam os diferentes conflitos sociais que se observam na sociedade e no mundo.

A cidade é importante como objeto de estudo histórico por ser um produto do espaço e do tempo. Ela corresponde a um processo que ocorre no espaço, porém a manutenção de lugares, objetos e materiais que a caracterizam lhe confere um conjunto de significados que foram estabelecidos no tempo. Logo, por ser um espaço da concretização material das realizações humanas no tempo, a cidade é relevante como objeto de ensino e aprendizagem.

Figura 5.1 – Presente e passado: Posto 8 de Ipanema, no Rio de Janeiro – foto mesclada: 2014 (lado esquerdo) e 1928 (lado direito)

Fabio Sapragonas Andrioni

Ao se recriar o espaço ao longo do tempo, ocorre na cidade uma constante ressignificação da memória coletiva. Formam-se, assim, **pontos de ancoragem** da memória. Normalmente são pontos de destaque da cidade e lugares que todos conhecem e nos quais já tiveram alguma experiência. Em sua cidade, certamente há lugares como esses. São lugares que as pessoas percorrem com alguma constância ou com os quais têm alguma familiaridade (Pesavento, 2002, p. 1-3). São esses espaços que tornam a cidade um recurso didático valioso.

Pontos de ancoragem da memória são historicamente relevantes, pois são espaços passados que se preservaram ou que se investem de um sentido dado pelo passado e pelo presente. Todos eles são significativos, uma vez que conferem alguma qualidade à cidade, como resultado do fato de serem apropriados pelas diferentes esferas da sociedade, que lhes dão significados múltiplos. Não é raro que esses significados remetam ao passado, pois fazem lembrar pessoas ou acontecimentos considerados importantes em determinado contexto. Podem configurar-se também como resquícios de um tempo que ativam, despertam ou criam uma memória. Em suma, tais lugares são pontos em que a cidade reconhece a si mesma e que lhe fornecem o elemento temporal de coesão e identidade. São, por fim, lugares autorizados para que se reconheça a história da cidade (Pesavento, 2002, p. 2-4).

Muitas vezes, esses espaços de memória coletiva tornam-se **patrimônio histórico**, isto é, um bem que é considerado importante para uma comunidade ou representativo de um tempo passado e que, por isso, deve ser preservado. Dessa forma, constituem-se, também, em bens para o uso da comunidade e são alvo de uma série de leis e políticas de preservação. Portanto, o patrimônio de uma cidade não raramente materializa uma memória social e, com isso, forma um patrimônio coletivo, fruto de um consenso social que busca tornar presente e perpetuar o passado. Esse elemento de coletividade existe porque o patrimônio partilha uma lembrança determinada, a qual indica o que pode e deve ser lembrado por toda a comunidade. Essas lembranças autorizadas fornecem o conjunto de experiências que estão socializadas e são comuns a quem vive na cidade e cria um sentimento de identidade. Essas experiências não foram necessariamente vividas, e sim herdadas (Pesavento, 2002; Kersten, 2000, p. 61-107; Cutrim, 2011, p. 58-60). Em sua cidade, deve haver aquele lugar que todos sabem ter sido palco de algum acontecimento marcante, mas que poucos presenciaram de fato.

E o que podemos dizer daquilo que a cidade conta por meio de seus objetos históricos? Essa história é memória e, por isso, seletiva, restrita e parcial; logo, é incompleta (Pesavento, 2002, p. 29). Por tudo isso, ela serve ao desenvolvimento de um trabalho didático.

(5.3)
O TRABALHO DIDÁTICO COM A CIDADE

Ao se trabalhar a cidade como objeto de estudo da História, é possível compreendê-la como uma série de símbolos e seus significados, os quais são compartilhados, de forma geral, pela comunidade. Por meio de seus símbolos, a cidade constitui um imaginário, entendido como "um sistema de representações coletivas que os homens constroem ao longo da História para dar significado ao social" (Pesavento, 2002, p. 24).

O ensino de História tem um papel importante na educação sobre a cidade, ao reafirmar os significados dos lugares ou revelar e questionar tais significados. As relações estabelecidas com esses locais podem ser fruto de uma vivência individual e, portanto, subjetiva. Cada uma dessas relações subjetivas cria uma vivência própria, específica e que colabora com a identificação. Mas as relações estabelecidas com os locais da cidade também podem ser resultado de uma vivência objetiva, determinada por critérios que vão além do pessoal. É o caso de uma praça com a qual os moradores não têm história pessoal alguma, porém impõe-se a eles que aquele lugar é representativo de um acontecimento importante e central para a cidade.

5.3.1 O ELEMENTO IMAGINÁRIO

O imaginário é uma construção da cidade que orienta como os indivíduos interpretam o universo que os cerca. Ao viver em uma cidade, cada um atribui significados à sua forma, às práticas que nela existem, às pessoas e aos personagens envolvidos em sua rotina. São esses significados que criam as categorias sociais de cidadão ou excluído, que diferenciam uma ação cívica de uma considerada vândala e que permitem interpretar determinada ação como progresso ou atraso, renovadora ou destruidora. Essas relações indicam também o que merece ou não ser preservado e o que deve tornar-se patrimônio daquela comunidade (Nogueira, 1998).

O imaginário, portanto, também relaciona-se com as **identidades**, as quais, por sua vez, assentam-se em dados reais e objetivos, assim como em hábitos, comportamentos e acontecimentos do passado, todos, de alguma forma, presentificados. As identidades fornecem um sentimento de pertencimento e de coesão com a sociedade, mas também são um elemento que permite um reconhecimento individual, de ser alguém. Elas são, então, construídas por meio da articulação de ideias e imagens que conferem sentido à percepção daqueles que se reconhecem na cidade (Barreira, 2007, p. 166-167).

Outro elemento importante que possibilita o reconhecimento das identidades são os ritos e as práticas sociais. Como exemplos, podemos citar os desfiles cívicos, como os de Sete de Setembro, e as festas étnicas, como a Páscoa Polonesa. Também compartilham dessa finalidade os monumentos.

Na disciplina de História, é possível trabalhar essas identidades presentes na cidade para identificar quais povos, monumentos, parques, praças ou ruas elas permitem lembrar. É importante discutir que, por trás das identidades e de suas materialidades na cidade, há uma disputa entre o passado e o futuro. Essa disputa ocorre no presente, pois a identidade se constrói nas relações sociais. Nesse sentido, podemos considerar como monumento tudo aquilo que se preserva na condição de algo que deve ser lembrado do passado. Nessa perspectiva, a própria cidade é um monumento (Pesavento, 2002; Le Goff, 1990, p. 535-553; Choay, 2001, p. 11-29). As identidades também podem desenhar a paisagem e misturar-se à natureza. Isso é bastante visível em cidades costeiras, nas quais o elemento natural, a praia, por exemplo, torna-se definidor da identidade da cidade.

Portanto, a cidade constrói valores, padrões éticos e de comportamento, estilos de vida, hábitos e costumes que moldam desejos e emoções. Essas formas de expressão relativas a cada cidade são diferentes entre si e variam conforme o grupo social a que dizem respeito, pois refletem memórias específicas que os cidadãos estabelecem com as cidades.

5.3.2 O CENTRO DA CIDADE

Um espaço específico da cidade que reflete bastante as relações que nela se estabelecem é o centro. Normalmente, o centro é o ponto de partida histórico e geográfico de uma cidade ou, em outras palavras, uma **referência temporal e espacial** para ela. O centro também é uma aglomeração urbana, que se constituiu ao longo do tempo, sendo, por isso, um espaço privilegiado, pois guarda elementos desde o início da cidade e dos processos históricos subsequentes. No centro são perceptíveis os sinais de passagem do tempo e do uso social do espaço. O uso do espaço o destrói e altera sua função original. Essas mudanças incidem diretamente na supressão e na reinvenção dos significados e da memória, geram esquecimentos e perdas, assim como novas lembranças e a reelaboração de sentidos históricos (Pesavento, 2008).

O centro guarda os prédios mais antigos e que podem ser referências históricas da cidade. Por isso, costuma ser um local de preservação, que abriga monumentos e patrimônios, e é alvo de políticas de revitalização. Assim, é interessante problematizar com os alunos quais prédios da cidade estão degradados, quais estão sendo restaurados e quais foram ressignificados e, por exemplo, transformados em centros culturais. Além de entender os casos específicos, é importante compreender que todas essa ressignificação é o resultado de processos mais amplos, como a saída da população do centro, e visa estimular o contrário, a atração da população para o centro, não necessariamente para habitá-lo, mas para consumir bens culturais, trabalhar com a memória e conhecer sua história (Pesavento, 2008; Le Goff, 1990, p. 535-553; Choay, 2001, p. 11-29). Como exemplo, observe, na Figura 5.2, o centro histórico de Curitiba, em que se veem fachadas de arquitetura portuguesa e alemã; atualmente, essas edificações são utilizadas como salas comerciais e prestação de serviços.

O centro apresenta camadas de temporalidade superpostas e, nas cidades mais antigas, isso se manifesta na arquitetura dos prédios, nos traçados urbanos e nos patrimônios materiais visíveis, que provocam um choque arquitetônico por destoarem da paisagem urbana atual. Assim, outro trabalho que pode ser desenvolvido com os alunos em certos centros de cidades é a observação da arqueologia urbana, ou seja, de porções da cidade que estão ocultas por baixo da cidade que pulsa e vive (Freitag, 2003, p. 122-124).

Figura 5.2 – Centro histórico de Curitiba

Diego Grandi/Shutterstock

O centro ainda permite ler o passado da cidade, tanto o preservado como o que se mantém oculto, mas que se revela nos detalhes e nas particularidades. Nesse sentido, é possível levar os alunos a perceber que há uma contrariedade entre a cidade preservada e os desejos passados e presentes quanto ao futuro da cidade. Essa contrariedade resulta de projetos urbanos que foram vencedores no embate com outros que não se concretizaram. Por trás disso, está a disputa relativa à definição de qual história foi autorizada a ser lembrada, muitas vezes tornada patrimônio e imposta como memória oficial da cidade (Pesavento, 2008).

É também do centro que surgem os elementos que orientam a configuração e a ordenação do espaço físico, produzindo a cidade. Esse trabalho de perceber como o centro se relaciona com outros espaços da cidade possibilita entender como essas expansões ocorreram historicamente, quais eram os interesses por trás delas, por que aqueles bairros surgiram, para que eles serviam e que tipos de construção havia neles. Essas questões são relevantes historicamente, pois opõem a necessidade de preservação à de transformação e contrapõem a imagem do arcaico à do moderno (Pesavento, 2008).

Essas perguntas também conduzem os alunos a explorar as próprias vivências, pois, provavelmente, eles conhecem pessoas, histórias ou memórias do bairro onde vivem, as quais compõem todo um conjunto de experiências que revelam aspectos importantes. Nesse sentido, deve-se instigar os alunos a trabalhar com o imaginário em torno dos bairros onde residem e a identificar os significados atribuídos àqueles espaços (Pesavento, 2008).

O centro é, em si, um monumento, resultado das relações de poder, de escolhas, disputas e decisões. Ele constantemente traz elementos à memória, os quais refletem prioridades políticas, fluxos e direcionamentos econômicos, como as regras do mercado imobiliário. O centro, nesse sentido, apresenta-se como um jogo de esconder e revelar, de lembrar e esquecer. Ele reflete, de um lado, as negociações e os conflitos dos grandes homens e, de outro, as construções e memórias populares. É tudo isso que deve ser analisado por trás da história do centro e da cidade.

5.3.3 A CIDADE COMO RECURSO DIDÁTICO

Ao eleger a cidade como recurso didático, o professor deve se centrar em tudo o que reafirma a **memória**, o **passado** e os **mitos de origem**, os quais muitas vezes podem funcionar como fontes históricas. Por isso, abordar a cidade envolve um trabalho amplo que abrange diferentes conhecimentos técnicos, práticos e teóricos, incluindo uma educação patrimonial, por meio da qual se ensina quais são os grandes patrimônios e o que merece e deve ser lembrado. Com base nisso, é possível problematizar, por exemplo, as **atrações turísticas** de uma cidade.

O **centro** costuma ser uma das atrações turísticas da cidade, uma vez que representa e sintetiza a formação da localidade, porém ele não é o único espaço para o turismo. Normalmente, os espaços turísticos de uma cidade incorporam os sentidos de mercantilização e consumo da memória e da história local, refletindo, assim, uma identidade que permite aos moradores da cidade se reconhecerem e que, no conjunto, pode ser mostrada para os de fora como algo diferente, exótico ou único. Você consegue imaginar uma série de exemplos turísticos nas cidades que já visitou ou nas quais já viveu? Pode ser determinado tipo de culinária, um acidente natural, um sotaque, uma construção característica ou uma combinação de tudo isso.

Esse espaço do turismo acaba tornando-se também um lugar de socialização, ou seja, o centro e os pontos turísticos são espaços de sociabilidade intensa e, em alguns casos, tensa. Nele, reúnem-se turistas e cidadãos e ocorrem diversas manifestações políticas, culturais, sociais e religiosas (Pesavento, 2008).

É interessante, ainda, considerar como o imaginário dá a dimensão de interpretação do passado e dos limites para o futuro. Pense novamente em sua cidade e nos principais pontos turísticos dela. Eles remetem a quais países e etnias (europeias, asiáticas, africanas, nativas)? E quais dessas etnias ficam de fora? Elas estão realmente ausentes na história de sua cidade? Agora, imagine como seria tentar inserir no roteiro turístico de sua cidade algum parque com um memorial próprio dedicado a um grupo que não costuma ser lembrado. Isso acarretaria uma dificuldade burocrática e outra política. Dessa forma, seria necessário convencer o Poder Público acerca da importância da memória daquele grupo e fazer pressão social e política para que esse projeto fosse aprovado e reconhecido. Portanto, seria preciso aguardar e suportar os reveses burocráticos advindos de todas as instâncias pelas quais um projeto precisa passar para ser aprovado e executado. Por fim, o projeto teria de ser concretizado, com a construção do memorial. Todo o trabalho necessário para trazer essas outras memórias para a memória coletiva reflete a dificuldade de fazer um passado ser reconhecido. Situações como essa são obstáculos para a construção de um futuro diferente, que conte com a inserção de outras etnias na memória de uma comunidade[2].

Outro elemento que merece atenção ao se considerar a cidade como recurso didático é a **arquitetura**. Os prédios são símbolos com significado, são monumentos que preservam algo que existiu anteriormente. Além disso, a arquitetura revela os processos de construção da cidade e os contrastes de temporalidade que ela guarda (Pesavento, 2002, p. 7-9). Para complementar essa análise arquitetônica, é possível buscar, em arquivos ou bibliotecas, fotografias, desenhos ou imagens da cidade que geram essa contraposição com a cidade atual.

Ao trabalhar o espaço da cidade, é possível também problematizar lugares que parecem vazios de história, como os *shopping centers*, que podem ter sido construídos no lugar de alguma fábrica ou outra edificação antiga ou onde antes havia um galpão com uma funcionalidade específica no passado. Estádios de futebol também são passíveis desse tipo de análise. O professor deve selecionar espaços que sejam significativos para os alunos, pois eles consomem a cidade de alguma forma. Uma possibilidade é levá-los a pesquisar os motivos pelos quais moram em determinado bairro e ou pelos quais

---

[2] *Para conhecer um exemplo desse processo de inserção de um novo elemento na memória coletiva de uma comunidade, sugerimos a leitura do artigo "Memória individual e discurso social: relatos de um imigrante, Curitiba (Brasil), passagem do século XIX para o XX", de Sergio Odilon Nadalin e Cacilda Machado (2013), publicado na revista* Confluenze.

suas famílias decidiram mudar para a região onde vivem. Relacionar essas informações com a cidade pode ser um exercício de reflexão e de conhecimento histórico valioso.

Outra abordagem produtiva refere-se às memórias de seus moradores. E acessá-las não é tão difícil. Basta uma conversa com colegas, pais, avós, tios e vizinhos, por exemplo, para perceber as mudanças ocorridas em uma cidade. Com isso, também se desenvolve a possibilidade de trabalho com **fontes orais**. É importante que os alunos reconheçam a infinidade de potenciais fontes históricas, sendo as fontes orais uma delas.

As camadas de memória de um indivíduo reúnem as experiências individuais e as coletivas. Essas experiências são, muitas vezes, compartilhadas, projetadas e materializadas em elementos que constituem a cidade. Isso significa que todas as pessoas se lembram, de alguma forma, de um acontecimento importante, tendo elas figurado como participantes, testemunhas ou alguém que apenas ouviu falar dele. Recolher e analisar essas memórias é um exercício de ensino e aprendizagem em História bastante relevante, principalmente se articulado à vivência urbana dos indivíduos. Esse tipo de atividade também permite que os alunos aprendam a pensar criticamente os discursos assentados em memórias. As formas de enunciar, as palavras empregadas, a organização e a concatenação das lembranças devem ser entendidas não somente como produtos de memórias individuais, mas também como resultado do modo de o indivíduo agir diante de pressões e determinações sociais que autorizam o que pode ou não ser lembrado e qual lembrança é ou não válida. E, não raras vezes, a forma de falar e enunciar as lembranças revela essas contradições e disputas sociais relacionadas à memória. Portanto, todas essas análises com fontes orais evidenciam a potencialidade delas como recursos didáticos, os quais não se limitam ao trabalho com a cidade (Selau, 2004, p. 220).

Ao realizarem esse tipo de trabalho, é importante que os alunos registrem as entrevistas ou conversas, pois só assim se caracterizará a fonte oral. As conversas e os testemunhos orais podem ser gravados em áudio ou vídeo ou ser transcritos. Também é necessário deixar claro para os alunos que, por mais que eles se envolvam com a história contada, não devem deixar isso influenciar a análise metodológica e crítica. A fonte oral é como qualquer outra: precisa ser analisada de maneira crítica. O sujeito que dá seu testemunho também é um ser social, político e cultural, e isso reflete em sua narrativa. Cabe observar que sua narrativa apresenta alguma orientação estética: a maneira como organiza os elementos daquilo que conta e as palavras que utiliza denotam a preferência por determinadas formas em detrimento de outras. Tudo isso deve ser considerado, pois essas particularidades do testemunho oral são reveladoras dos aspectos e contextos sócio-históricos (Selau, 2004, p. 221-223).

Essas propostas de trabalho crítico com a cidade consistem em aplicar a um objeto exterior o tipo de análise histórica que os alunos aprendem a realizar. Isso lhes dá uma dimensão mais ampla e abrangente da utilidade do conhecimento histórico. Esse tipo de aplicação também desenvolve a autonomia crítica, permite a análise da cidade de forma menos passiva e contribui para a formação de cidadãos ativos e capazes de compreender os problemas imediatos da cidade no contexto da história dela.

(5.4)
Museus, bibliotecas e arquivos

Outros espaços bastante proveitosos para complementar o processo de ensino e aprendizagem são aqueles dedicados a guardar a memória e a História, como é o caso de museus, bibliotecas e arquivos.

Na sequência, mostraremos como é possível trabalhar cada um deles, destacando que, apesar de terem uma função semelhante, apresentam particularidades que devem ser conhecidas, principalmente quando são idealizados como recursos didáticos para o ensino de História.

5.4.1 Museus

Os museus são lugares significativos para trabalhar a História. Podem ser definidos como instituições que obtêm, conservam e expõem elementos que foram produzidos direta ou indiretamente pelos seres humanos e que, por isso, constituem-se em fontes históricas. Os museus normalmente desenvolvem uma atividade de pesquisa atrelada a esse serviço. As exposições costumam apresentar atividades de entretenimento, lazer e educação (Bittencourt, 2008, p. 356).

Os museus, portanto, têm uma **finalidade educativa** e atendem a públicos de diferentes idades, ainda que seus visitantes mais assíduos sejam crianças e jovens que os visitam, muitas vezes, como uma atividade escolar (Lopes, 1991, p. 4-5). Os turistas também são grandes frequentadores de museus. Essa abertura para um público amplo faz com que essas instituições tenham uma dificuldade didática que já identificamos aqui: a dificuldade de criar elementos em comum com esse público diverso, que se aproximem da realidade dele. Assim, cabe ao professor de História desenvolver um conjunto prévio de questões e contextualizações para fazer com que o museu, em sua totalidade ou em seus elementos específicos, torne-se um recurso didático ainda mais valioso.

Um dos objetos de estudo da didática diz respeito a como levar os alunos a participar e interagir, ou seja, fazer parte do processo de conhecer e compreender. Assim, é preciso evitar que eles entendam o museu como um lugar em que aprenderão de maneira passiva, apenas olhando.

Inicialmente, convém incentivar os alunos a expor livremente sua opinião sobre algum museu que tenham visitado, mesmo que tenham achado a experiência chata e desinteressante. Nesse sentido, é fundamental **problematizar** o museu, isto é, analisar se a História que ele conta é etnocêntrica, se as peças expostas estão ali por serem exóticas, diferentes e curiosas ou se há alguma outra justificativa, por exemplo, por terem pertencido a alguém importante ou serem consideradas uma obra de arte (Simão Neto, 1988, p. 251-252). Por trás dessas reflexões, está a questão sobre o tipo de História que o museu conta. Por que é mais importante preservar a escarradeira de um rei do que uma geladeira da década de 1990? Ou preservar o pelourinho de punição aos escravos do que o capacete utilizado por um pedreiro na construção de um prédio?

Conforme Simão Neto (1988, p. 252), nos museus, costuma-se selecionar peças que são consideradas originais, autênticas ou únicas. A escarradeira é importante porque pertenceu a um rei e desperta a curiosidade por ser algo que não se utiliza mais; a geladeira, porém, é algo de nosso cotidiano. Entretanto, uma geladeira de gerações anteriores, diferente das atuais, poderia estar em um museu, assim como a geladeira de um personagem considerado historicamente relevante.

Já o pelourinho tem um caráter histórico, de algo que já foi superado. Hoje, não há mais pelourinhos nos quais negros escravizados são amarrados e açoitados. Todavia, a forma como esse pelourinho é apresentado é relevante, pois dá a dimensão de como nos relacionamos com nossa História. Ao ser apresentado ao público, informa-se qual era sua finalidade, indicando-se a ideia de que a escravidão já foi superada e que a agressão contra os negros é algo do passado? Ou há uma reflexão crítica acerca do peso histórico que aquele tipo de violência pode legar até hoje para a sociedade?

Cabe ressaltar que, se o museu expuser o capacete de um operário anônimo, esse objeto também pode ser problematizado. Por que um capacete é importante? Que valor histórico e social é atribuído a ele? Que tipo de História está sendo contado? Qual conceito de povo está atrelado ao capacete?

Todas essas análises podem ser desenvolvidas com os alunos, pois remetem a outras questões históricas: Por que um rei é tão importante? E os serventes dele? Quem limpava a escarradeira? Portanto, os objetos de um museu, não raro, acumulam várias camadas de tempo que lhes permitiram continuar existindo e ser considerados relevantes, ou seja, o museu também autoriza e reproduz determinados discursos. Por isso, convém desenvolver com os alunos uma pesquisa sobre a história das peças, analisando-se em que contexto ela foi produzida, como chegou ao museu e por quais lugares já passou.

Uma maneira de orientar a atividade no museu é pedir aos alunos que identifiquem e descrevam os objetos vistos. Eles podem levantar hipóteses sobre a natureza do objeto, o tipo de material, a cor, o modo como foi fabricado, a finalidade de sua produção, a forma como era utilizado e os indivíduos que o utilizavam. Também é interessante incentivar os alunos a relacionar e comparar as peças observadas. É possível realizar uma discussão em grupo com o objetivo de reconstruir o discurso proposto pelo museu em sua totalidade, assim como as situações históricas das peças: em que contexto existiram, a quem serviam, como funcionavam socialmente e como se relacionam com os períodos históricos em que foram fabricadas e preservadas (Bittencourt, 2008, p. 359).

Ao visitar um museu, é preciso ter a consciência de que eles não são meros prédios que funcionam como depósitos de objetos antigos. Os museus mais modernos constituem um conjunto simbólico que compõe e constrói um imaginário por meio de discursos e imagens. Eles são formados pela reunião de componentes da cultura material e imaterial, somados à arquitetura, aos parques, aos monumentos, à gastronomia e a outros elementos complementares à função primordial dos museus. Toda essa estrutura também apresenta uma **finalidade turística** (Gomes, 2011, p. 3-4) e o propósito de proporcionar uma atividade de entretenimento mais ampla e lúdica.

Os museus têm, ainda, uma **finalidade promocional**, ou seja, as exposições e as peças que compõem os museus são a razão de essa instituição existir. Por exemplo, um museu sobre a Segunda Guerra Mundial existe porque há materiais sobre esse momento histórico que um grupo acha importante ser exposto. Assim, muitas vezes, o atrativo do museu é o fato de ser uma instituição que valoriza determinado patrimônio. A existência e a manutenção de um museu, por sua vez, costumam ser controladas e incentivadas pelo Poder Público, que avalia se sua abordagem ou temática é relevante para a sociedade (Lopes, 1991, p. 1).

Grande parte dos museus brasileiros não dispõe da infraestrutura necessária e nem todos conseguem apoio público e das autoridades. Essa falta de cuidado e atenção pode ser objeto de estudo dos alunos, a fim de que analisem aspectos como o preparo dos funcionários, os tipos de exposição, as formas de ingresso e acesso, o perfil do público que ele busca atender, a História que ele conta, a influência cultural sobre a comunidade e o fato de ser ou não interativo e de convidar ou não os visitantes a participar.

No Brasil, a falta de cuidado do Poder Público com os museus reflete a concepção, existente desde o século XIX, de que o museu seria um conservatório, um espaço de guarda e proteção de peças exóticas. Essas peças despertavam a curiosidade por sua raridade e pelo fato de serem diferentes, únicas e originais, ou seja, por serem indícios de outros lugares e tempos. Outro aspecto que se valorizava nas peças de um museu era a circunstância de terem pertencido a alguém considerado importante, representando, assim, uma história dos grandes homens e seus feitos. Não é raro encontrar em museus a cama de um rei ou a caneta utilizada por algum escritor para escrever uma obra. Nesse sentido, é essencial problematizar o valor de determinados objetos museológicos e a maneira como narram uma história. A organização das peças nos museus, portanto, conta uma história e pode ser analisada criticamente pelos alunos (Gomes, 2011, p. 1-3; Simão Neto, 1988, p. 252). Essa análise permite perceber se o museu é inovador ou tradicional.

Em geral, um museu emprega uma série de novos meios e estratégias, como a criação de ambientes de imersão e o uso de recursos audiovisuais, porém não abandona as características tradicionais de ser uma atração ou um espetáculo, pouco se preocupando com a tarefa didática e de ensino. Por outro lado, cada vez mais os museus apresentam um cuidado maior com a exposição das peças e com o suporte ao usuário. Esse tipo de museu é mais fácil de ser aproveitado como recurso didático, uma vez que está mais preparado para isso. Há várias ações e orientações de órgãos competentes que incentivam os museus a empregar uma linguagem mais moderna, acessível e democrática[3]. O profissional de História deve estar atento aos museus não tão modernizados, pois são os que mais demandam a realização de um trabalho para que sejam usados como recursos didáticos.

Um museu mais tradicional considera o público como mero figurante, propicia pouco envolvimento e relega ao visitante o papel de

---

[3] *Como exemplos, podemos citar as metas 28, 29 (p. 84-87), 31, 34, 41 (p. 90-93, 98-99, 114-115) da 3ª edição do Plano Nacional de Cultura de 2013 (Brasil, 2013). Outro importante documento é o* Caderno da Política Nacional de Educação Museal, *publicado pelo Instituto Brasileiro de Museus em 2018 (Ibram, 2018). Nele, são apresentados os parâmetros, as políticas e as discussões relacionados ao propósito de desenvolver a museologia no Brasil.*

admirador das relíquias expostas. Junto às peças, costuma haver alguma explicação, que também se afasta do visitante, como se viesse de uma fonte de saber superior, sem explicitar como se chegou a esse conhecimento. Portanto, não há um diálogo, e o público só observa (Gomes, 2011, p. 1-2; Simão Neto, 1988; Horta, 1987, p. 162).

Muitas vezes, essa didática tradicional de alguns museus é justificada pela função de assegurar a preservação de determinado tipo de patrimônio e está associada à finalidade política de reafirmação de um discurso. Esses museus normalmente descrevem uma História linear, que dá conta de explicar tudo o que ocorreu, ignorando o conjunto social e histórico complexo por trás dos acontecimentos. Por sua intenção de preservar um discurso histórico que parece neutro, puro e exposto de forma unilateral e absoluta, o museu tradicional pode ser um local de importante problematização histórica. Cabe ao professor desenvolver atividades críticas que incentivem os alunos a ficar atentos àquilo que o museu mostra, buscando identificar justamente o que ele não mostra. Esse tipo de atividade permite que os alunos identifiquem elementos ocultos que, em determinados discursos, mascaram conflitos e diferenças (Gomes, 2011, p. 1-3; Horta, 1987, p. 162; Simão Neto, 1988, p. 261).

Um aspecto positivo da maioria dos museus é a possibilidade de proporcionar o contato concreto com outro tempo, diferente daquele em que vivemos. Abordar elementos do cotidiano de um tempo passado e compará-los com os que estão presentes no cotidiano dos alunos pode ser uma atividade divertida e bastante profícua para a fixação de determinados conteúdos.

Além dos materiais em exposição, os museus contam com um acervo de reserva, composto por vários materiais que não estão expostos. Assim, com a escolha dos materiais em exposição, visa-se constituir um discurso, ou seja, a organização da exposição conta uma

História (Bittencourt, 2004, p. 105). Sabendo isso, o professor pode problematizar a composição do acervo e os critérios técnicos utilizados para a seleção e a exposição das peças.

5.4.2 BIBLIOTECAS E ARQUIVOS

Além dos museus, é possível encontrar fontes históricas nas bibliotecas e nos arquivos. A importância de explorar esses locais com os alunos está em permitir que identifiquem as fontes com base nas quais são produzidos os conhecimentos históricos.

Uma atividade de grande relevância é levar os alunos até as bibliotecas públicas da cidade. Essa oportunidade pode servir para que eles aprendam como pesquisar, mediante a consulta de obras variadas, e desenvolvam técnicas de pesquisa nas bases de dados *on-line* das bibliotecas. Outros aspectos importantes consistem em reconhecer o comportamento mais adequado no ambiente da biblioteca e saber recorrer aos funcionários para auxiliar nas pesquisas.

Uma possibilidade é trabalhar com a história da biblioteca, analisando-se seu espaço físico como parte constituinte da cidade e a relação dessa instituição com a história do local. Também se pode atentar para os tipos de livros disponíveis, o modo como estão organizadas as coleções e a existência ou não de outros elementos além de livros. Às vezes, há bustos, placas de homenagens e uma série de objetos que compõem a materialidade de uma biblioteca; quando ela oferece outras atividades culturais, estas também podem ser problematizadas.

Os arquivos públicos e particulares que estejam abertos também são locais bastante interessantes, sobretudo para a disciplina de História. A forma de trabalhar os arquivos com os alunos não é muito diferente daquela observada no caso dos museus. É possível problematizar o espaço físico do prédio, os elementos materiais expostos, a localização da instituição e o acesso a ela. Outro ponto a ser abordado refere-se aos tipos de documentos que o arquivo guarda, o que aponta para sua função social. Uma visita a um arquivo é valiosa porque permite perceber como a História é construída, uma vez que nele se localiza um conjunto de fontes possíveis para o trabalho do historiador. Os alunos podem produzir miniensaios ou minidocumentários com base na leitura de fontes diversas e relacioná-los a conteúdos que tenham estudado em outra disciplina. Além desse trabalho mais direto, a atividade associada à visita a um arquivo desenvolve a capacidade de pesquisa, pois amplia a percepção sobre a dificuldade de pesquisar e sobre o modo como se devem ler os documentos e relacioná-los entre si, ou seja, algumas das etapas que constituem a investigação em História.

(5.5) Cemitérios

Um local pouco convencional de ensino e que recentemente tem-se tornado alvo de visitas turísticas guiadas e com caráter histórico são os cemitérios. Mas o que há de significativo em um cemitério? As diferentes representações que ele comporta: o cemitério se compõe de elementos concretos, um ambiente físico, o qual está investido de significados que estão além do campo material. É esse conjunto de elementos que, segundo Rigo (2015, p. 126), desperta a curiosidade e, assim, faz dele um lugar de potencial aprendizado.

O primeiro fator gerador de curiosidade, comum a todos os cemitérios, é que eles abrigam mortos e, por isso, revelam representações sobre a morte. Desse modo, as diversas materialidades em torno de um cemitério também evidenciam modos de lidar com a morte. Trabalhar com elas tem um apelo que nos interessa particularmente aqui, que é o histórico. A análise do momento histórico do sepultamento, da construção do cemitério e dos túmulos, de sua arquitetura, das peças decorativas, das placas e da forma como as pessoas são lembradas – por meio de seus nomes e de fotografias, por exemplo – permite descortinar os contextos sociais e culturais que cercam e permeiam os cemitérios e as percepções e representações sobre a morte (Piovezan, 2014, p. 41-42).

Ao se realizar essa abordagem histórica, é importante analisar como surgiu o cemitério estudado. Algumas perguntas que poderiam orientar essa investigação seriam: Quando ele foi construído? Com qual finalidade? Por qual grupo? Por que foi construído nesse lugar? Por trás dessas questões, revela-se também a dinâmica histórica de construção de um cemitério. Ao se descobrir, por exemplo, quais foram os primeiros túmulos de uma necrópole, começa-se a desvendar sua organização espacial e a perceber os traços e as marcas da História. Portanto, a distribuição dos túmulos e o modo como o cemitério está organizado constituem um importante índice histórico, que pode até revelar um retrato das hierarquias e das divisões sociais de uma sociedade. Nas Figuras 5.3 e 5.4, é possível observar o contraste entre dois cemitérios, resultante de diferentes processos sócio-históricos e culturais.

Figura 5.3 – Cemitério de São João Batista, no Rio de Janeiro (RJ)

Figura 5.4 – Cemitério Israelita do Caju, no Rio de Janeiro (RJ)

O cemitério também é o espaço de uma comunidade específica e funciona como elemento de identidade, que corresponde a uma representação em torno desse lugar. Normalmente, o cemitério é considerado local sagrado, onde estão sepultados os membros de uma comunidade em particular, que pode ser pequena, no caso de um grupo religioso, ou maior, como o conjunto de pessoas que compõem uma cidade.

Assim, outra questão histórica a ser abordada diz respeito à permanência ou não de seu caráter de sagrado e à relação desse aspecto com a representação da morte (Caputo, 2008, p. 73-74). É possível verificar também se o cemitério assume a condição de local de preservação da memória e de educação patrimonial (Almeida, 2015, p. 4-5), o que pode ser feito por meio da análise dos túmulos. Há, ainda, os cemitérios exclusivos dos seguidores de determinadas religiões, que preservam uma memória específica da comunidade. Esse tipo de cemitério apresenta âncoras de memória que permitem às pessoas encontrar referências familiares e, portanto, cultivar um sentimento de pertencimento e de compartilhamento de um passado.

Quanto à arquitetura dos túmulos, é preciso enfatizar que eles são monumentos funerários que visam perpetuar a memória, pois há neles a intencionalidade de ser lembrado ou de fazer lembrar (Le Goff, 1990, p. 535-536). Analisando um conjunto de túmulos, os alunos podem perceber se há um padrão ou elementos destoantes. Essa investigação pode revelar as diferenças sociais e culturais de um cemitério.

Outra análise arquitetônica interessante consiste em identificar os túmulos que mais se destacam e pesquisar as pessoas que estão sepultadas ali. Quando se investigam os nomes, descobrem-se o perfil e a identidade do cemitério ou se há uma perda ou falta de identidade ali. Portanto, a arquitetura e os nomes podem indicar a descaracterização de um cemitério, fator que pode refletir, por exemplo, o crescimento da cidade, aliado às necessidades financeiras da administração, que se vê forçada a vender lotes para elementos exteriores à comunidade. O processo também pode ser fruto da perda de identidade da comunidade que fundou a necrópole. Portanto, essa análise pode evidenciar as contradições e os processos históricos de uma cidade e da sociedade que nela habita.

Também é possível ater-se à degradação do cemitério e analisar as possíveis causas disso. Muitas vezes, há ali materiais antigos e de grande valor que são alvo de vandalismo e roubo. Isso representa um apagamento material dos nomes e das memórias, o que pode ter um grande impacto na identidade do cemitério e do grupo ou na memória das pessoas ligadas a ele.

Há, ainda, a possibilidade de comparar a história do cemitério e das representações sobre a morte com a ideia de finitude e a representação sobre a morte que se observam hoje em dia. A morte é uma constante na existência humana e com a qual todas as pessoas devem lidar ao perder um ente querido, por exemplo. Portanto, a História é uma disciplina que tem muito a contribuir para a compreensão da morte, e os cemitérios podem ser excelentes recursos didáticos para essa finalidade (Rigo, 2015, p. 132-136).

Síntese

Neste capítulo, tratamos dos espaços não convencionais para o ensino e a aprendizagem, entendidos como aqueles lugares que não são tradicionalmente usados em atividades educativas. Portanto, eles não têm uma finalidade didática.

Destacamos que alguns espaços não convencionais possíveis são a cidade em que vivemos, os museus, as bibliotecas, os arquivos e os cemitérios. Cada um deles requer um trabalho específico para torná-los potenciais recursos didáticos.

A cidade, por exemplo, é resultado de processos históricos que alteram o espaço. Um passeio por pontos turísticos ou por marcos da cidade pode revelar muito sobre a História, já que nesses lugares há elementos imaginários que buscam forjar identidades e sentimentos comuns entre os cidadãos. Da mesma forma, uma visita ao centro pode ter um efeito educativo histórico bastante amplo, por ser uma síntese da cidade.

Os museus podem ter uma função semelhante, uma vez que são locais de exposição de peças e materiais por meio dos quais se visa contar determinada história. Também as bibliotecas e os arquivos possibilitam compreender como a História é produzida.

Por fim, mostramos que os cemitérios são espaços valiosos de memória e identidade. Os túmulos, sua arquitetura e o nome nas placas, por exemplo, são indícios de construções que se investem de sentidos associados à história de uma comunidade.

Indicações culturais

Procure conhecer melhor sua cidade, bem como os museus, as bibliotecas e os arquivos que nela existem. Fique atento aos cemitérios que existem e a que grupos pertencem.

Filmes

NARRADORES de Javé. Direção: Eliane Caffé. Brasil: Bananeira
    Filmes, 2003. 100 min.
Esse filme permite discutir as memórias em torno de uma cidade e seus relatos, documentados não apenas oficial e institucionalmente, mas também oralmente. Nele, um carteiro e os moradores de uma cidade ameaçada pela inundação em virtude da construção de uma hidrelétrica decidem resgatar a história da cidade para formar um

patrimônio e, com isso, salvá-la. É um filme valioso para discutir memória, história oral e representações sobre a cidade.

UMA CIDADE sem passado. Direção: Michael Verhoeven. Alemanha, 1990. 94 min.

Esse filme possibilita discutir as dificuldades de problematizar e analisar a história de uma cidade. Conta a trajetória de uma alemã que investiga a história de sua cidade durante o nazismo. Suas descobertas geram problemas políticos e ameaças à sua vida, porém também são responsáveis por fazer uma grande revisão das pessoas ilustres e dos marcos importantes da cidade.

Museu

MUSEUM FÜR SEUPULKRALKULTUR. Disponível em: <www.sepulkralmuseum.de/>. Acesso em: 5 jul. 2019.

Para aprofundar suas reflexões sobre o trabalho histórico com os cemitérios, acesse o *site* do Museu da Cultura Sepulcral. O museu localiza-se na cidade de Kassel, na Alemanha. O acervo refere-se ao tema da morte e à forma como as diferentes culturas e temporalidades a encaram.

Revista

REVISTA DE HISTÓRIA REGIONAL. Ponta Grossa: UEPG, 1996-. Disponível em: <www.revistas2.uepg.br/index.php/rhr>. Acesso em: 5 jul. 2019.

Nessa revista, são apresentadas análises de história regional que permitem ao professor ter uma noção de como problematizar pontos e marcos de sua cidade e região.

Site
ABEC – Associação Brasileira de Estudos Cemiteriais. Disponível em: <http://estudoscemiteriais.com.br/>. Acesso em: 5 jul. 2019.
Por fim, para aprofundar a análise sobre cemitérios, acesse o *site* da Associação Brasileira de Estudos Cemiteriais (Abec) e consulte os anais dos encontros da instituição.

Tese
PIOVEZAN, A. **Morrer na guerra**: instituições, ritos e devoções no Brasil (1944-1967). 298 f. Tese (Doutorado em História) – Universidade Federal do Paraná, Curitiba, 2014. Disponível em: <https://acervodigital.ufpr.br/handle/1884/36370>. Acesso em: 5 jul. 2019.
Como exemplo de trabalho sobre a representação da morte e a análise de cemitérios, recomendamos essa tese de doutorado defendida no Departamento de História da Universidade Federal do Paraná (UFPR) em 2014.

Atividades de autoavaliação

1. Assinale a alternativa correta a respeito dos espaços não convencionais para o ensino e a aprendizagem em História:
   a) São espaços utilizados para atividades de ensino e aprendizagem, apesar de não terem essa finalidade.
   b) Trata-se de um conceito que não existe na prática, pois os únicos lugares possíveis para o ensino e a aprendizagem em História são a escola e a sala de aula.

c) Trata-se de um conceito equivocado, pois é possível aprender História da mesma maneira em qualquer lugar, sem a necessidade de tomar grandes cuidados didáticos.
d) São lugares em que o professor desenvolve o ensino de História normalmente, como na escola ou na sala de aula.
e) O conceito corresponde às situações em que a sala de aula está repleta de recursos didáticos que a desvirtuam de seu uso comum.

2. Sobre a cidade como um recurso didático não convencional, é correto afirmar:
   a) A cidade não é um bom recurso didático, pois não é algo próximo e que os alunos vivenciam em sua vida.
   b) A cidade não pode ser considerada um espaço não convencional, já que não é preparada para a atividade educativa.
   c) Não há nada de relevante historicamente que faça da cidade um espaço não convencional para o ensino e a aprendizagem em História.
   d) Não se deve trabalhar com a cidade como recurso didático, pois ela é muito próxima da realidade dos alunos e eles não conseguem ter o afastamento crítico necessário.
   e) A cidade é um bom recurso didático, pois é um local em que os alunos vivenciam experiências cotidianamente.

3. Identifique quais das informações a seguir se aplicam a museus, bibliotecas e arquivos.
   A – É possível trabalhar esses espaços didaticamente, pois são um reflexo das disputas sociais ao longo da História, que se manifestam em sua materialidade.

B – São locais que atraem públicos diversos, principalmente estudantes e turistas.

C – Permitem o desenvolvimento das capacidades de análise e de pesquisa, além da leitura crítica.

D – Depois visitar esse local, os alunos devem se sentir livres para expor o que acharam das peças que viram, sem constrangimentos.

E – Podem ser locais de ensino, pois preservam a memória de um grupo ou de uma comunidade, já que formam vários pontos concretos de ancoragem da memória.

F – Os nomes e a arquitetura de seus componentes revelam as formas de preservação ou de apagamento da identidade e da memória, por isso podem ser usados como recursos didáticos.

G – Permitem que os alunos conheçam como a História é produzida, ou seja, os alunos tomam contato com fontes e documentos próprios para o trabalho do historiador.

Agora, assinale a alternativa que indica corretamente os itens identificados:

a) Todos.
b) A, B, C, D, G.
c) Nenhum.
d) A, C, D, E, F.
e) B, D, F, G.

4. Indique se as afirmações a seguir são verdadeiras (V) ou falsas (F) no que se refere aos espaços não convencionais de ensino.

   ( ) O cemitério é um possível lugar não convencional de ensino, pois o conjunto de túmulos cria identidades e memórias comuns e individuais que podem ser trabalhadas didaticamente.
   ( ) Um dos fatores importantes no trabalho com lugares não convencionais é desenvolver a capacidade de crítica quanto aos elementos que fazem parte do cotidiano e da vivência dos alunos, exteriores à instituição de ensino.
   ( ) Museus, bibliotecas e arquivos não podem ser considerados lugares não convencionais para o ensino e a aprendizagem, porque eles desenvolvem um trabalho voltado ao ensino e toda uma preparação didática para atender os alunos, criando inclusive situações de aprendizagem.
   ( ) O centro de uma cidade é um lugar rico para trabalhar a História, pois ali há um acúmulo de histórias da cidade, como os conflitos sociais que existem e existiram.

   Agora, assinale a alternativa correspondente à sequência obtida:

   a) V, V, F, F.
   b) V, V, F, V.
   c) F, V, F, V.
   d) F, F, F, V.
   e) V, V, V, V.

5. Assinale a alternativa correta a respeito da cidade e de locais como museus, bibliotecas, arquivos e cemitérios:
   a) Todos esses lugares não são possíveis para o ensino, pois neles não há o que problematizar e discutir historicamente.
   b) As cidades são produtos fixos da engenharia e da arquitetura e, por isso, não guardam qualquer aspecto histórico.
   c) Todos os museus são locais voltados para o ensino e preparados didaticamente para atender os alunos.
   d) Todos esses locais permitem o desenvolvimento da leitura crítica de elementos exteriores aos tradicionais locais de ensino.
   e) Bibliotecas e arquivos, por trabalharem majoritariamente com materiais escritos, são os únicos locais para a abordagem didática da História.

Atividades de aprendizagem

Questões para reflexão

1. Com base nos exemplos e nas discussões apresentados ao longo do capítulo, reflita sobre outros lugares que poderiam ser aproveitados como espaços não convencionais para o ensino e a aprendizagem em História. O que esses lugares oferecem como elementos educativos? Que tipo de preparação didática você teria de realizar?

2. Reflita sobre sua cidade: Que elementos você acredita serem definidores da identidade dela? Quais marcos, prédios, praças ou parques têm a função de ativar alguma memória específica? Quais identidades sua cidade afirma? Em suma, pense sobre tudo o que foi discutido neste capítulo e analise sua cidade.

Atividade aplicada: prática

1. Elabore o projeto para um museu virtual. Você pode descrevê-lo em um texto impresso ou em *slides* produzidos no PowerPoint. Primeiro, defina uma temática. Depois, escolha que peças ou elementos gostaria de expor e o que gostaria de contar. Procure na internet as fotografias e as imagens que fariam parte de sua exposição. Pense nos textos que fariam parte do *site* e nas interações que os visitantes poderiam ter. Reflita, de forma mais profunda, sobre o tipo de imersão que esses recursos criariam e as sensações que despertariam. Por fim, elabore maneiras de trabalhar esses conteúdos com alunos de diferentes faixas etárias.

Capítulo 6
Ludicidade na produção do conhecimento histórico

Nesse capítulo, discutiremos como trabalhar o elemento lúdico em sala de aula. Você provavelmente já teve várias aulas que considerou maçantes, cansativas e pouco divertidas. Elas poderiam ter sido mais dinâmicas e interativas? Aqui, mostraremos que uma das formas de alcançar esse objetivo é a realização de atividades lúdicas.

Também analisaremos os tipos de jogos que podem ser utilizados na disciplina de História, com ênfase nos analógicos, entre os quais se encontram os interpretativos (ou RPG) e os eletrônicos. Também destacaremos o teatro como uma possibilidade voltada ao ensino lúdico.

(6.1)
O ELEMENTO LÚDICO NO CONTEXTO PEDAGÓGICO

O conceito de lúdico está relacionado à ideia de jogo, divertimento e brincadeira (Roloff, 2010, p. 1). A questão que se apresenta aqui é: Como é possível ensinar brincando? Esse questionamento suscita outro: Como promover situações de divertimento com o propósito de ensinar e aprender? A realização de atividades lúdicas permite que os alunos aprendam os conteúdos de uma maneira que o ensino tradicional não consegue propiciar (Pimentel, 2008, p. 116).

Contudo, é preciso ressaltar que a atividade lúdica não pode ser apenas brincadeira, ou seja, não implica abandonar o objetivo final do ensino, que é a aprendizagem (Roloff, 2010, p. 2).

O jogar e o brincar apresentam duas propriedades: a criação de uma situação imaginária e a definição de possibilidades de comportamento conforme regras estabelecidas. O jogo é uma situação imaginária, por meio da qual é possível trabalhar com sentidos criados com base em metáforas ou analogias, o que permite aos alunos tomar contato com elementos mais complexos do que aqueles que estão presentes em seu cotidiano ou que dizem respeito a uma realidade que já faz parte do passado. É, por exemplo, o caso de um jogo no qual os participantes devem comprar ações de alguma empresa ou de um que simula algum aspecto da economia feudal. Para poder participar dessa situação proposta pelo jogo, é preciso seguir as regras estabelecidas, que podem ser explicadas antes da partida ou aprendidas durante o jogo. Nenhum jogo é totalmente livre, caso contrário, não seria um jogo (Pimentel, 2008, p. 119).

A ludicidade auxilia muito no processo de aprendizagem e pode funcionar como um reforço positivo de determinados conteúdos, além de desenvolver as capacidades de comunicação e expressão. O jogo também contribui para o desenvolvimento da autoestima e da criatividade e incentiva a participação e a interação (Roloff, 2010, p. 2).

Desse modo, o lúdico é importante no desenvolvimento social do indivíduo, porque pode estimular a socialização e trabalhar comportamentos e valores (Roloff, 2010, p. 1). Para tanto, a ludicidade deve ser pensada como uma prática que mistura situações coordenadas e organizadas que visam a um fim. Portanto, a atividade lúdica dá liberdade de ação para os alunos, porém há regras que os jogadores devem respeitar, pois ela não é livre ou desvinculada da finalidade educativa (Pimentel, 2008, p. 117).

As atividades lúdicas permitem que o professor diagnostique e mapeie as dificuldades dos alunos. Além disso, ajudam a avaliar suas estruturas cognitivas e seu aproveitamento, possibilitando a reelaboração e o redirecionamento do processo de enino-aprendizagem (Roloff, 2010, p. 2). Nesse sentido, essas atividades precisam ser acompanhadas com frequência pelo docente para que ele possa verificar o que os alunos já consolidaram de conhecimento e o que precisa ser feito para que a aprendizagem progrida (Roloff, 2010, p. 3).

O professor deve ter cuidado ao propor as brincadeiras, principalmente com alunos com mais de 10 anos, pois a capacidade motora está mais desenvolvida e os jovens, com frequência, entram em competição, principalmente com a finalidade de testar os próprios limites. Deveria haver, na instituição de ensino, outros espaços e momentos para os alunos extravasarem essas potencialidades, como o recreio, as aulas de Educação Física e as atividades extraclasse (Roloff, 2010, p. 4).

Portanto, ao trabalhar um conteúdo de História de forma lúdica, ao professor incumbe propiciar a realização de atividades que os alunos têm menos oportunidade de encontrar em outras situações. Nesse sentido, seria valioso também investir em práticas que estimulem a pesquisa analítica, a exposição de pontos de vista contraditórios, o debate ou, ainda, atividades que fortaleçam as relações entre o que se ensina e o que se espera que os alunos aprendam (Roloff, 2010, p. 4).

Outra cautela que se deve ter ao elaborar atividades lúdicas diz respeito ao trabalho com alunos mais velhos. Conforme envelhecem, eles se tornam mais resistentes e constrangidos diante de certas brincadeiras. Portanto, é normal que algumas atividades lúdicas encontrem uma resistência inicial e que os alunos demorem a se comprometer e a se empenhar nelas (Roloff, 2010, p. 5).

Cabe ao professor avaliar se deve trabalhar mais com **regras implícitas ou explícitas**, ou seja, se deixará que o próprio jogo leve os alunos a aprender as regras ou se elas serão explicadas antes de o jogo iniciar. As regras, quando apresentadas antes do jogo, normalmente dão mais limites à imaginação, já que restringem as possibilidades de ação dos jogadores. Por outro lado, descobrir ou elaborar as regras conforme o jogo se desenvolve dá mais espaço para a imaginação. Às vezes, em determinado grupo, a capacidade imaginativa encontra alguma resistência inicial. Nesses casos, seria melhor desenvolver primeiramente a compreensão clara das regras, para que, quando os alunos estiverem mais habituados ao jogo, possam incorporá-las, de modo que se tornem implícitas e seja possível dar maior vazão ao elemento imaginativo (Pimentel, 2008, p. 119).

Convém ressaltar que a proposição de atividades lúdicas requer **planejamento**, a fim de evitar que elas se convertam em uma brincadeira sem compromisso didático. Uma atividade sem regras pode facilmente gerar dispersão e fazer com que o proponente dela perca o controle dos participantes e, assim, não consiga cumprir seu objetivo (Roloff, 2010, p. 4). A relação da brincadeira com o conteúdo também deve ficar clara. Os jogadores devem entender o porquê da atividade, o que aumenta a chance de que eles mantenham um grau de comprometimento e imersão, evitando-se o descontrole.

Uma atividade lúdica bem executada deixa o participante em atenção constante para o recebimento de novas informações. Portanto, a ludicidade é um meio de incrementar a maneira de se relacionar com a realidade. Esse deve ser um dos objetivos a serem considerados pelo professor ao elaborar uma atividade lúdica. Nesse planejamento, cabe questionar: Como a atividade ajudará a compreender o mundo e a melhor atuar nele? Como possibilitará que o jogador se torne um agente crítico e que saiba analisar as informações que recebe? Como contribuirá para a formação de uma pessoa capaz de interagir com outras de forma ética, educada e proveitosa? Como colaborará para o ampliar e aperfeiçoar o conhecimento da História? Essas perguntas servirão de guia para o professor ao trabalhar com o elemento lúdico (Roloff, 2010, p. 5).

Se você refletiu sobre tais questões, deve ter percebido que as atividades lúdicas podem ter diversas aplicações e várias finalidades. As mais básicas são a conversa e o diálogo, quando consideradas como atividades que visam ao divertimento, à vivência de momentos agradáveis de troca de ideias e que, no contexto do ensino, podem ser planejadas para propiciar a interação social e a reflexão. É possível, ainda, pensar em um debate como uma espécie de jogo. É o que vemos, por exemplo, em épocas de eleições, pois há regras referentes ao comportamento dos participantes, ao conteúdo de sua fala e ao tempo que têm para se manifestar. Assim, tanto uma conversa informal quanto um debate organizado podem ser considerados como atividades lúdicas.

O educador pode também transformar o debate e a troca de opiniões entre os alunos em uma espécie de jogo. Uma atividade de debate pode ser desenvolvida, por exemplo, para lidar com a grande quantidade de informações que os alunos recebem pelos meios de comunicação. Imagine uma espécie de brincadeira na qual os alunos, em grupos, devem buscar uma resposta para um problema com base no que cada um conhece. A organização do montante de informações pode ocorrer por meio do diálogo e da interação entre os colegas em sala de aula. Nesse tipo atividade, é preciso incentivar o contraponto de visões. Com isso, os alunos lidam com novas formas de interpretar e concatenar os eventos, o que contribui para que revejam suas interpretações e construções e desenvolvam a competência de elaborar raciocínios e respostas conforme o desenvolvimento do diálogo e do debate (Roloff, 2010, p. 6).

Desse modo, o desenvolvimento dos alunos, muitas vezes, é motivado pelo **trabalho coletivo**, que cria situações de interação, a qual gera a necessidade de negociação, de enfrentamento das contradições e de compartilhamento de opiniões, como resultado da busca de soluções para as situações criadas pela interação. Esse tipo de atividade é importante porque, de alguma forma e invariavelmente, voltará a acontecer na vida cotidiana dos alunos (Pimentel, 2008, p. 110, 113).

Outro ponto que o professor precisa considerar quando elabora uma atividade lúdica é que ela deve propiciar a **problematização** da realidade de um modo que o modelo de ensino tradicional não consegue fazer. Em complemento a isso, a atividade lúdica também pode levar o participante a encarar um problema acadêmico com relevância social, que pode ser, por exemplo, uma questão sobre a violência na escravidão (Roloff, 2010, p. 6).

(6.2)
O USO DE JOGOS NO ENSINO DE HISTÓRIA

O conceito de jogo é bastante amplo, já que várias atividades podem ser entendidas como *jogos*. Portanto, ele não deve ser concebido de modo restrito. A vida em sociedade é, de certa maneira, um jogo. Lembre-se de quantas situações em sua vida poderiam ser consideradas um jogo. Constantemente, precisamos apostar nossas "fichas" em algo e deslocá-las de outra coisa. Qual ônibus chegará mais rápido a um destino, qual emprego escolher, que celular comprar, tudo isso se pauta em escolhas que são ponderadas e seguem um conjunto de determinações; no fim, são apostas mais ou menos embasadas. As relações humanas também podem ser entendidas como um jogo: temos de ceder para ganhar algo e negociar, tentar convencer as pessoas ou trabalhar em conjunto em busca de um objetivo. Enfim, há várias situações na vida que podem ser pensadas como um jogo. Assim, é possível transformar diversas atividades em jogos, principalmente aquelas que estimulam os alunos a interagir, trabalhar em conjunto ou participar de uma competição significativa (Fadel et al., 2014, p. 6).

De forma geral, no ensino de História, os jogos dão espaço para os alunos pensarem de uma maneira mais complexa (Pimentel, 2008, p. 116). Por exemplo, os jogos podem servir para ressignificar o que se aprendeu, uma vez que eles permitem aplicar o conhecimento adquirido em outro contexto que não aquele pragmático das avaliações.

Além disso, ajudam os alunos a se identificar com o conhecimento, pois os motivam a operacionalizar o que aprenderam, usando o conhecimento de outras maneiras para tentar vencer certos desafios cognitivos e emocionais (Andrade, 2007, p. 92). Os jogos também estimulam o desenvolvimento da capacidade de controlar comportamentos e testar habilidades que ainda não estão consolidadas. Os alunos aprendem a criar mecanismos para lidar com situações que desafiam o que eles já conhecem e desenvolvem a capacidade de refletir quando confrontados pela realidade (Pimentel, 2008, p. 117).

Assim, uma das funções dos jogos é a **simulação**. Isso significa que o jogo pode transportar os participantes para uma situação imaginária, o que não seria possível por meio das atividades didáticas tradicionais. Essa simulação pode servir, por exemplo, para colocar os alunos no papel de algum profissional ou personagem histórico. Esse tipo de brincadeira ocorre de forma imaginária, com objetos e situações que substituem as condições que não podem ser vivenciadas de forma real (Pimentel, 2008, p. 117).

Quando usado como simulação, o jogo permite que os alunos experimentem situações que dificilmente viveriam. No ensino de História, esse recurso é valioso, pois é uma oportunidade de situar os alunos em outro momento histórico e discutir aspectos do cotidiano dessa época (Pimentel, 2008, p. 124-127). Dessa forma, o jogo se assenta na realidade e, no caso da História, na realidade passada, porém sem precisar fazer referência direta a um conhecimento somente acadêmico ou formal. Há, portanto, um elemento de criatividade, pois o jogo consiste em usar a imaginação para criar novas possibilidades de compreensão da realidade passada (Pimentel, 2008, p. 119-123).

Assim como as ações humanas tendem a funcionar como jogos pelo fato de as pessoas desempenharem papéis e agirem conforme regras, a simulação pode transpor os alunos para um tempo passado, com papéis e regras definidos, mediante a aplicação dos elementos imaginativos e do faz de conta característicos do jogo. Por meio dos jogos, é possível trabalhar a imaginação coletiva, pois eles se afastam da realidade convencional e do cotidiano (Morais; Rocha, 2012, p. 35). Nesse sentido, podem desviar dos aspectos maçantes do dia a dia e das atividades tradicionais do ensino.

Um elemento importante no jogo é a atenção às **regras**, pois elas mantêm seu funcionamento, a diversão envolvida e o ambiente que ele simula. Se as regras forem quebradas, tudo o que está envolvido no jogo se perde, já que elas fornecem as possibilidades e os limites para a ação (Andrade, 2007, p. 92).

Os jogos permitem que os alunos aprendem a se comportar conforme as regras pelo fato de estarem envolvidos na atividade (Pimentel, 2008, p. 124). As regras de um jogo funcionam, pois, como um aprendizado mais geral para a vida, uma vez que, de um lado, existe a vontade de vencer ou de concretizar algo e, de outro, a necessidade de se submeter a certas regras. É nesse espaço de atuação de duas forças contrárias que ocorre a aprendizagem e os alunos desenvolvem as habilidades e as competências em potencial ou aprimoram as já existentes. Além do mais, eles aprendem a avaliar as próprias condutas e a elaborar novas formas de agir ou ressignificar as antigas (Pimentel, 2008, p. 123).

Portanto, ao jogarem, os alunos incorporam, de modo consciente, formas socialmente éticas de agir. Quando associados a situações de aprendizagem bem desenvolvidas, os jogos ainda viabilizam o domínio dos próprios processos de conhecimento, ou seja, podem desenvolver a capacidade de aprender por si só e de desenvolver estratégias que facilitem a aprendizagem. Por fim, eles ensinam a interpretar, codificar, decodificar e operacionalizar símbolos e sinais. Sabemos que as representações propostas nas diversas disciplinas, desde as operações da Matemática até, por exemplo, a denominação de um período de praticamente 52 anos como a Guerra Fria, envolvem sinais, codificações, abstrações e simplificações que traduzem e explicam aquilo que chamamos de *realidade* (Pimentel, 2008, p. 113).

O desenvolvimento da capacidade de simbolizar é uma das etapas básicas da aquisição da linguagem e pode ser aperfeiçoado por meio da utilização de jogos como recursos didáticos. Além disso, a linguagem e os símbolos só atingem um desenvolvimento mais amplo e profundo na interação coletiva, pois é nela que os signos e os símbolos adquirem sentidos e significados compartilhados, tornando-se, por isso, relevantes (Pimentel, 2008, p. 113).

Cabe destacar aqui a importância de se propiciarem várias situações de aprendizagem por meio de uma variedade de jogos, os quais, assim, podem favorecer a **interação** entre os alunos de diferentes formas. O potencial de desenvolvimento de uma pessoa não é fixo, isto é, altera-se conforme ela se desenvolve, motivo pelo qual é preciso diversificar os jogos propostos para explorar diferentes potenciais. Desse modo, a interação entre os alunos proporcionada pelos jogos deve ser promovida com alguma constância. (Pimentel, 2008, p. 115). Nesse sentido, outra função tradicional do jogo é agrupar os indivíduos (Morais; Rocha, 2012, p. 35). Porém, não basta agrupá-los, é preciso que as atividades sejam transformadas em situações significativas. Para isso, é necessário construir um planejamento maleável, que se adapte às condições que possam surgir. É relevante, ainda, manter um controle e uma avaliação de quão efetivas estão sendo as atividades lúdicas propostas (Pimentel, 2008, p. 116).

O jogo também pode ser utilizado para diagnosticar e mapear os pontos de ancoragem possíveis e potenciais dos alunos. Imagine uma atividade que faça com que eles simulem o comportamento de um personagem histórico específico ou de um povo em determinado período. Ao interpretarem o personagem, os alunos mostram como compreendem aquilo. Essa atividade também permite avaliar se eles têm algum conceito previamente formulado a respeito de um tema ou personagem social, eventualmente expresso de forma ofensiva ou agressiva (Pimentel, 2008, p. 123).

Outra contribuição do jogo é levar os alunos a perceber que aprender não é uma atividade individual e isolada. Isso também colabora para que deixem de ter um pensamento totalmente autocentrado, saibam respeitar outros pontos de vista e construir sínteses entre os diferentes pensamentos e os deles (Pimentel, 2008, p. 127-128).

Por fim, os jogos podem colaborar para o desenvolvimento das capacidades de generalização e descontextualização. A **generalização** propicia passar de uma experiência concreta e específica para um nível mais amplo, de síntese, e identificar conceitos gerais. Isso pode ocorrer, por exemplo, em um jogo no qual o participante não sabe a data de determinados eventos, mas conhece algumas características dele e, com base nisso, precisa descobrir a qual momento histórico tais eventos se referem (Pimentel, 2008, p. 129).

Já a **descontextualização** pode parecer um pouco contraditória com a História. É importante que os alunos localizem os eventos em suas temporalidades, porém também é necessário fazer aproximações entre diferentes temporalidades. Essa descontextualização pode ser aplicada às regras dos jogos, quando os alunos precisam aprender regras e comportamentos de um jogo e adaptá-las a outro ou perceber como as regras de determinado jogo, que refletem certo momento histórico, não podem ser utilizadas em outro jogo, relativo a outro momento histórico (Pimentel, 2008, p. 129).

A função do jogo, portanto, é desenvolver capacidades e competências que os alunos já detêm e explorar aquelas que só existem de forma potencial e embrionária (Pimentel, 2008, p. 119). A grande vantagem do elemento lúdico é que os alunos podem aprender pela experiência vivida no jogo, e não exclusivamente pela fala de um professor ou pela leitura de um texto (Pimentel, 2008, p. 131).

6.2.1 Jogos analógicos

Os jogos analógicos utilizam elementos como tabuleiros, fichas, cartas e dados, ou seja, não usam somente recursos eletrônicos ou digitais. São o tipo de jogo mais tradicional e que há mais tempo é jogado na história da humanidade.

Há vários tipos de jogos analógicos, como aqueles em que o jogador usa uma peça para percorrer casas em um tabuleiro ou aqueles em que o participante deve cumprir certos objetivos, a fim de obter pontos. Um exemplo deste último caso são os jogos de perguntas e respostas, no qual ganha o participante que obtiver mais pontos. Nesse caso, é possível acrescentar outros desafios. Por exemplo, o professor pode dividir os alunos de uma turma em equipes e calcular a pontuação ao longo de um ano ou semestre letivo. Dessa forma, uma possibilidade seria fazer, a cada mês ou bimestre, uma etapa da competição, permitindo-se, até mesmo, que as equipes negociem a troca de seus membros. Enfim, cabe ao docente usar a criatividade para desenvolver esses jogos em sala de aula.

É possível intercalar a realização do jogo de perguntas e respostas com outros tipos de jogos. Um exemplo envolve a organização de certos eventos históricos em uma linha do tempo, entre os quais poderiam estar alguns trabalhados nas aulas, mas também outros que não tenham sido diretamente abordados. O jogo funcionaria assim: alguns eventos poderiam ser localizados previamente em uma linha do tempo que o professor poderia disponibilizar na lousa, para servir como base. As equipes, por sorteio, ficariam com determinado número de eventos, que poderiam ser identificados em cartas, e, seguindo alguma ordem definida anteriormente, começariam o jogo. Cada vez que errassem a localização de um evento, teriam de voltar a carta correspondente ao evento para a mão ou pegar uma nova carta (com um novo evento). Ganharia quem conseguisse ficar sem nenhuma carta (evento) na mão[1]. Esse tipo de atividade permite que os alunos aprendam a localizar os eventos cronologicamente. Também desenvolve o diálogo e a troca de conhecimentos, já que, para uma equipe definir quando um evento ocorreu, seus membros precisam dialogar entre si e trocar informações.

O professor pode adaptar diversos jogos que conhece para a realização de atividades didáticas de História, visando alcançar diferentes resultados pedagógicos. Como exemplo, imagine um jogo como o Banco Imobiliário com a temática do imperialismo na África. É possível tornar a atividade mais dinâmica, intercalando-se esse jogo com um de perguntas e respostas, por exemplo. O jogo War também poder ser adaptado, explorando-se aspectos históricos. Enfim, o limite para a proposição de jogos é a imaginação do professor, bem como as adaptações didáticas que precisam ser feitas conforme o conteúdo. Vencidas essas limitações, é possível elaborar vários recursos didáticos desse tipo.

RPG como recurso didático

Outro tipo de jogo analógico são os interpretativos, em que os alunos devem interpretar determinado personagem. Esses jogos podem assumir duas formas: podem ser essencialmente interpretativos, ou seja, os alunos-jogadores só precisam usar a imaginação, ou interpretativos, mas dependentes de outros recursos, como dados e miniaturas.

---

[1] Há um jogo no mercado que é exatamente assim e chama-se Timeline. Ele é produzido e vendido pela empresa Galápagos. O jogo também tem algumas expansões. É possível utilizá-lo como base, adaptando-se algumas fichas de eventos de acordo com o conteúdo da disciplina.

Os jogos interpretativos são normalmente chamados de RPG, sigla para o termo em inglês *role-playing game*, que significa "jogo de interpretação de um papel/personagem". O RPG é um jogo que não apresenta um roteiro rígido, o que permite que os participantes se manifestem de forma livre, de modo que o jogo consiste em contar uma história de forma coletiva (Morais; Rocha, 2012, p. 29). A utilização desse tipo de recurso no ensino é bastante recente. Enquanto na década de 1980 outros países já utilizavam o RPG como recurso educacional, no Brasil, esse recurso só começou a ser pensado como recurso pedagógico na segunda metade da década de 1990 e nos anos 2000, quando ocorreram os primeiros simpósios e encontros para discutir as possibilidades do RPG na educação (Morais; Rocha, 2012, p. 29).

O RPG no ensino é uma alternativa à narrativa tradicional da História. A disciplina de História favorece a atividade de narrar, e isso integrou tradicionalmente suas práticas. O professor contava o que tinha acontecido em determinado episódio do passado e cabia aos alunos anotar o que ouviam e, principalmente, decorar nomes e datas. Essa estratégia ainda pode ser utilizada, pois há eventos históricos que, de fato, parecem merecer ser apresentados como uma história bem contada. Os alunos, assim, tornam-se ouvintes ou espectadores da história contada. Nesse caso, eles podem imaginá-la, mas não reconstituí-la, pois ela já está dada, bem como a relação entre as ações e as decisões tomadas pelos personagens (Morais; Rocha, 2012, p. 29-30).

Essa História tradicional, quando contada como se fosse uma história, também exige que se considerem a sequência dos fatos que serão contados, a forma como os personagens e as ações serão descritos e relacionados e como a introdução e a conclusão serão feitas (Morais; Rocha, 2012, p. 30-31).

Fabio Sapragonas Andrioni

O RPG é uma alternativa a essas narrativas de direção única e com enredos fixos. O jogo de interpretação consiste em uma situação na qual um narrador ou mestre apresenta os elementos da história para os participantes. Diante desses elementos, os jogadores decidem o que fazer. Conforme as decisões são tomadas, o narrador vai contando os efeitos delas, o que gera outras cenas que precisam de novas decisões. Normalmente, o narrador interpõe obstáculos e dificuldades que precisam ser superados pelos jogadores. Portanto, no RPG também se conta uma história, porém de forma coletiva e com a participação dos jogadores. Os papéis de ouvinte e narrador não são fixos e fechados, uma vez que todos são narradores e ouvintes em algum momento; mesmo o narrador precisa ouvir o que os jogadores estão fazendo para, então, comunicar o resultado daquela ação (Morais; Rocha, 2012, p. 31). Normalmente, uma atividade em que se use o RPG como recurso didático deve privilegiar o professor como narrador. É preciso preparar o contexto, definir os personagens e compor o conjunto de obstáculos e situações que os jogadores enfrentarão. Entretanto, dependendo de como a atividade for construída, ela pode permitir que alguns alunos sejam narradores.

Os jogos interpretativos normalmente são **cooperativos**, ou seja, não há competição. Os jogadores atuam ajudando-se mutuamente para atingirem um objetivo comum e vencerem os obstáculos que o narrador propõe. Todavia, o narrador não é um adversário dos jogadores, por mais que crie oposições ou apresente os obstáculos. Ele atua como juiz, avalia as ações dos jogadores e apresenta o resultado delas.

Imagine, por exemplo, que os alunos estão jogando como portugueses que estão explorando um pedaço de terra recém-descoberto. Um é o cronista, que tem a função de escrever sobre a viagem; outro é o capitão do navio; um terceiro é um explorador com conhecimentos de sobrevivência em territórios hostis; e, por fim, há um marinheiro, responsável por carregar os objetos. O narrador começa a história: "Vocês devem ancorar o barco em uma área de uma praia que vocês enxergam". Um dos jogadores pergunta: "A água deve dar pé?". O narrador responde: "Sim, porém, a água baterá na altura do pescoço de vocês nessa área mais próxima do barco". Os jogadores decidem que vão descer do barco e caminhar até a praia, sem barco. Todos, então, desembarcam e caminham, vencendo a dificuldade da água. O narrador conta que eles logo chegam à praia e atestam que a faixa de areia é curta, não passando de dez metros, e logo começa uma grande floresta. Todos resolvem entrar na floresta, atentos. Depois de ingressarem na floresta, o narrador pede a palavra e diz: "Vocês estão ouvindo o som de rosnados e ele não parece vir de longe!". O explorador pede a pólvora. Quando o carregador vai pegá-la, o narrador fala: "Ela está toda molhada! Você pulou na água, porém não falou nada sobre levar a pólvora fora da água!".

Esse é um exemplo de como uma narrativa poderia ser desenvolvida. O aluno que joga como o personagem do carregador poderia contra-argumentar dizendo que seu personagem não sabia que teria de levar a pólvora sobre a cabeça para não molhá-la. Qualquer que seja a decisão do narrador, um dos méritos do RPG é trabalhar esses aspectos mais cotidianos de um tempo passado, como as consequências perigosas de um manuseio incorreto da pólvora, e permitir essa negociação e a construção coletiva de uma história. Esse jogo também pode incentivar os alunos a fazer uma pesquisa prévia sobre a função e o papel de seus personagens.

O exemplo anterior corresponde a um jogo essencialmente **interpretativo**, pois cada participante deve agir conforme as características de seus personagens. Assim, cada aluno representa um personagem, que pode ser uma figura histórica, mas também um país ou uma civilização. É possível, por exemplo, interpretar os gregos, os romanos ou Cartago em uma atividade relacionada à História Antiga. Dessa forma, características gerais devem ser apresentadas aos alunos ou pesquisadas por eles para definir como cada civilização ou personagem deve se comportar. O professor pode propor um episódio, de preferência real, e pedir aos alunos que o interpretem de acordo com as características dos personagens.

Como exemplo, podemos considerar um jogo de intepretação no qual cada aluno deva desempenhar o papel de uma nação. Vamos supor que os alunos interpretem Estados Unidos, China, URSS, Alemanha e Japão em um jogo com o objetivo de evitar uma guerra nuclear. Haveria um aluno narrador, que teria o papel de ponderar se as ações tomadas são coerentes com as regras propostas e os papéis estipulados e, então, narraria os resultados das ações dos jogadores. Para o jogo ocorrer, as regras deveriam ser explicadas antes: o que cada país busca, que recursos têm para agir e de que forma o mundo aceitaria suas ações para evitar a guerra. Cada um dos jogadores e o narrador deveriam conhecer essas regras. Provavelmente, na primeira vez, os participantes ficariam muito presos à mecânica do jogo, recorrendo ao perfil de cada nação para saber como agir. Todavia, após algumas jogadas, essas regras já ficariam implícitas e, rapidamente, eles começariam a viver a situação toda de forma mais imaginativa, além de poderem refinar as regras (Pimentel, 2008, p. 123).

A simulação de um julgamento também é um jogo de interpretação que não depende de recursos muito complexos. Por exemplo, os jogadores desempenham o papel do réu, da vítima, de quem acusa, de quem defende, do júri e, por fim, do juiz. Nesse tipo de jogo, há uma **competição**, pois um dos lados será o vitorioso. A atividade possibilita que os alunos se coloquem no lugar de personagens históricos, reflitam sobre suas motivações e pensem criticamente sobre a dificuldade de culpabilização na História, além de desenvolver a capacidade de argumentação com base em dados e fatos históricos.

Há também jogos de RPG mais complexos, que utilizam outros recursos, como tabuleiros, fichas de personagem, cartas e dados. Retomando o exemplo dos exploradores portugueses, poderíamos supor o seguinte contexto: o explorador ficaria nervoso por ter sua pólvora molhada. Porém, antes que pudesse reclamar com o carregador, um par de onças apareceria. Diante da ameaça, ele e os outros pegariam os porretes ou as espadas que carregavam para tentar atacar as onças ou se defender delas. No caso de um ataque das onças, como resolver o combate? Seria possível continuar apenas narrando, mas também haveria a possibilidade de utilizar dados. Nesse caso, poderiam ser estabelecidos alguns critérios: números 1 ou 2 significam que a onça acerta o jogador; números 3, 4 ou 5 determinam que o jogador acerta a onça; e, no caso do número 6, ninguém acerta ninguém. A situação poderia ficar ainda mais complexa se fossem definidos atributos para os jogadores e as forças de ataque. Contudo, quando há pouco tempo disponível, é melhor optar por soluções mais simples, como um sistema de pontos que permite a cada jogador ter determinado número de ações que pode realizar ou de sucessos que pode obter.

Esse tipo de jogo de interpretação possibilita que os alunos conheçam melhor as personalidades históricas e as interpretem, colocando-se no lugar delas em momentos importantes da História; eles podem, ainda, simular aspectos do cotidiano de outras épocas. Portanto, o RPG permite que o jogador simule personagens e situações diversos. Outra vantagem do RPG é desenvolver o gosto pelo trabalho em grupo, o que aprimora as capacidades de empatia e respeito ao próximo (Morais; Rocha, 2012, p. 35).

Ao jogarem RPG, os alunos podem refletir sobre as possibilidades de ação com as quais determinados sujeitos se depararam em certos momentos históricos. Além de empatia, desenvolve-se o conhecimento sobre a História, pois, para projetar as ações de um personagem, é necessário conhecer os aspectos históricos envolvidos. Nesse sentido, o professor, na posição de narrador, deve criar situações de aprendizagem ao reproduzir diferentes contextos espaciais e temporais (Morais; Rocha, 2012, p. 41).

Quando criam histórias nas quais participam dos rumos tomados e decidem sobre seus personagens, os alunos fazem uma imersão em outra temporalidade, devendo tomar decisões da forma como seus personagens fariam. Eles conhecem as contradições sociais dos períodos estudados e concebem as diferenças temporais entre seu tempo e os tempos passados. Sofrem o choque de temporalidades, inclusive, ao perceberem que, muitas vezes, as soluções que eles têm para determinados problemas eram inviáveis ou até impossíveis em outros tempos.

Outra possibilidade com o RPG e que pode ser adaptada para outras atividades didáticas é o **trabalho contrafactual**. A história contrafactual envolve o exercício de propor questões como "O que aconteceria se...?" e implica compreender os rumos da História como se houvesse vários caminhos e bifurcações possíveis. No caso, o passado é um caminho que apresenta uma bifurcação: há, de um lado, o caminho que continua, que foi o que aconteceu, e, de outro, um caminho correspondente ao que não aconteceu. É o campo de possibilidades do que poderia ter acontecido. Esse campo, porém, não é algo solto, independente, pois está condicionado ao caminho do passado, antes da bifurcação, a qual, por sua vez, é normalmente um evento considerado chave ou decisivo.

A utilização de uma interpretação contrafactual pode acontecer em decorrência dos desdobramentos e das necessidades do jogo.

Imagine um cenário da Segunda Guerra Mundial no qual os jogadores chegam a uma situação em que se perguntam o aconteceria se os Estados Unidos não tivessem usado as bombas atômicas contra o Japão. Esse tipo de resultado é contrafactual, pois só seria possível em um contexto passado bem construído. Portanto, um jogo com um final contrafactual leva os alunos a refletir sobre as causas dos eventos narrados e fornece uma noção do que estava em jogo no momento dos acontecimentos e das decisões tomadas.

O jogo de RPG também permite trabalhar a **interdisciplinaridade**, porque pode requerer a utilização de mapas, de múltiplas linguagens e das operações básicas da matemática, por exemplo (Morais; Rocha, 2012, p. 34). Nesse sentido, o RPG é um recurso bastante maleável e, por isso, o professor pode adaptá-lo às necessidades dos alunos, buscando sanar suas dificuldades ou desenvolver novos conteúdos com base naqueles que já dominam ou que lhes são familiares (Morais; Rocha, 2012, p. 35).

Cabe ressaltar, por fim, que o RPG se diferencia do teatro, pois é um jogo. Ainda que haja um elemento de interpretação, não se espera que o jogador atue. Não há a necessidade de o jogador expor emoções ou paixões da forma como um ator faz. No RPG, como em qualquer outro jogo, busca-se a solução de problemas ou situações de acordo com regras específicas que fixam o limite da possibilidade de ação dos jogadores (Morais; Rocha, 2012, p. 32).

6.2.2 Jogos eletrônicos

Os jogos eletrônicos são utilizados em computadores, celulares, aparelhos de *video game* ou outros dispositivos eletrônicos e digitais. A dificuldade de trabalhar com esses jogos está no fato de que eles, em grande parte, são individuais e não estimulam a imaginação, já que apresentam, de forma geral, possibilidades restritas de ação e toda a parte gráfica é exposta no monitor ou na televisão (Andrade, 2007, p. 93-94). Além disso, é difícil conseguir disponibilizar os jogos para todos os alunos. Existem aqueles que podem ser realizados em formato *multiplayer*, ou seja, com mais de um jogador. No entanto, essas interações geralmente são específicas para as situações de combate que os jogos criam. Assim, é preciso ter cuidado ao utilizar jogos eletrônicos como recursos didáticos, pois eles demandam um investimento de tempo longo.

Considerando-se a indústria de jogos eletrônicos como parte da indústria cultural, o profissional de História pode reconhecer que muitas pessoas, hoje, têm preferência por esse universo como forma de entretenimento. Desse modo, os jogos eletrônicos podem ser um ponto de ancoragem, sobretudo porque não é raro que utilizem elementos históricos em suas narrativas ou apresentem temáticas históricas. É possível, então, usar esses aspectos para trabalhar determinados conteúdos. Com esse tipo de trabalho, é possível enriquecer a experiência de jogo dos alunos. Como consequência, quando eles tiverem um novo contato com aquele jogo que foi objeto de análise, poderão desenvolver uma atividade lúdica e educativa.

Também podem ser utilizados vídeos de *gameplay*, isto é, vídeos nos quais jogadores experientes aparecem jogando para mostrar o funcionamento de determinado jogo. Muitos desses vídeos estão disponíveis no YouTube. Há diversos casos em que os participantes filmam inteiramente sua *performance*. É possível usar esses vídeos de jogos como se fossem filmes para ilustrar e discutir a História, adotando-se, assim, os mesmos critérios usados na análise de filmes e respeitando-se a relevância do jogo para a atividade de ensino de História.

(6.3)
Teatro

Uma alternativa para o trabalho de caráter interpretativo em História é o teatro. A diferença entre o jogo de interpretação e o teatro é que, neste, há um roteiro, portanto não existe espaço para a diversidade de resultados possíveis. Conforme Almeida (2016, p. 60), o teatro amplia o conhecimento cultural dos alunos, pois pode despertar o interesse por textos, autores e temas variados. Também ajuda a desenvolver a extroversão e a empatia, uma vez que os alunos são incentivados a se colocar no lugar de outro. Além disso, amplia as capacidades de trabalhar em grupo e de lidar com situações que requerem improviso.

O trabalho com o teatro pode explorar questões de cidadania e de respeito às diferenças. A atividade de se preparar para uma apresentação de teatro também envolve o aperfeiçoamento da escrita e da expressão oral, corporal e gestual, bem como estimula a criatividade de todos os envolvidos (Almeida, 2016, p. 66-67).

Uma atividade teatral pode ser realizada em etapas e em grupos de alunos, cada um dedicado a uma delas. Nesse caso, o grupo deve escolher um tema e dividir o trabalho em fases, que incluem pesquisa, elaboração do argumento e do enredo e escrita do roteiro. A isso se segue a montagem do cenário, dos elementos do palco, dos figurinos e de outros elementos necessários para a peça. Por fim, devem ser definidos os atores, o diretor e os papéis, para então dar início aos ensaios. O ideal é atribuir uma parte das definições sobre a peça, se não todas, aos alunos.

Também se pode optar por uma peça já existente, o que elimina algumas etapas. O professor pode sugerir alguns títulos aos alunos e pedir a eles que escolham um ou adaptem uma peça de uma época para a outra, pois isso demanda estudar e conhecer duas épocas e saber como aproximá-las e diferenciá-las.

Síntese

Neste capítulo, tratamos do elemento lúdico, definido como tudo aquilo que pode ser associado às ideias de jogo, brincadeira e diversão. A atividade lúdica, portanto, envolve esses aspectos. Porém, deve ser um instrumento para o ensino de determinado conteúdo.

Uma das funções das atividades lúdicas é estimular a imaginação, desde que em conformidade com as regras que fixam as possibilidades de ação dos participantes. Simula-se, assim, uma realidade diferente da vivida pelos alunos. Outra função é desenvolver as capacidades de comunicação e expressão, mediante o trabalho coletivo e a interação entre os alunos.

Uma das principais atividades lúdicas são os jogos, que podem ser analógicos, entre os quais se destacam os interpretativos, ou eletrônicos. Todos criam uma simulação e têm regras para a ação e as jogadas. Nos jogos analógicos, geralmente são utilizados tabuleiros ou cartas. No caso específico dos jogos interpretativos, eles podem envolver a utilização de tabuleiros, cartas ou dados ou ser somente interpretativos, categoria em que os alunos interagem entre si ao desempenhar diferentes papéis. Quanto aos jogos eletrônicos, cabe considerar a dificuldade de disponibilizar cópias para todos os alunos e o fato de demandarem mais tempo do que o período de uma aula.

Também destacamos o uso do teatro como recurso lúdico. Por meio dele, é possível criar uma situação de trabalho coletivo e de estudo, pois conhecer ou elaborar uma peça demanda a divisão de tarefas e a realização de pesquisa para se familiarizar com os temas abordados.

Indicações culturais

Sites

LAMPIÃO GAME STUDIO. Disponível em: <https://lampiaogamestudio.wordpress.com/>. Acesso em: 5 jul. 2019. Esteja atento aos jogos que você joga e àquilo que vê e lê e poderá identificar novos recursos didáticos. No *site* da desenvolvedora brasileira de jogos interpretativos Lampião Game Studio, você pode encontrar alguns jogos bastante simples e fáceis de serem adaptados para uma aula de História. Muitos deles são gratuitos.

Atividades de autoavaliação

1. Sobre a ludicidade no ensino de História, é correto afirmar:
    a) Um ensino lúdico significa um ensino rígido e severo. Na educação não cabe brincadeira. A aprendizagem, para ser efetiva, precisa ser disciplinada e dirigida para o estudo.
    b) O lúdico relaciona-se com as ideias de jogo, divertimento e brincadeira. Porém, é uma brincadeira com finalidade didática, cujo objetivo é ensinar um conteúdo.
    c) O lúdico diz respeito apenas aos jogos de tabuleiro. Portanto, é um tipo de recurso bastante restrito e que só pode ser utilizado ocasionalmente.
    d) A atividade lúdica no ensino não requer muito planejamento. Basta propor um jogo e permitir que os alunos brinquem. O jogo, sozinho, sempre ensina algo.
    e) Ludicidade é um conceito pouco prático, pois aplicar jogos no ensino não funciona.

2. Assinale a alternativa correta sobre a utilização de atividades lúdicas no ensino de História:
   a) As únicas atividades lúdicas possíveis são os jogos interpretativos.
   b) A atividade lúdica ideal é individual e solitária, pois a competição pode gerar rivalidade, conflitos e contrariedades.
   c) A atividade lúdica não deve ser aplicada no processo de ensino-aprendizagem, pois invariavelmente terminará em desordem.
   d) A atividade lúdica deve sempre simular uma realidade que seja familiar aos alunos, nunca incorporando outra situação que não seja alguma já conhecida e vivenciada por eles.
   e) A interação é a chave das atividades lúdicas, uma vez que cria situações de negociação, compartilhamento e contradição.

3. Identifique as afirmativas corretas no que se refere ao uso de jogos no ensino de História.
   I. A definição de jogo é restrita, uma vez que jogos se caracterizam somente pelas situações em que grupos ficam em torno de uma mesa jogando dados e movendo peças sobre um tabuleiro.
   II. O jogo cria um ambiente de manipulação e permite que os alunos realizem atividades que o ambiente tradicional de aula não propiciaria.
   III. Uma das vantagens dos jogos interpretativos é criar uma situação de aprendizagem cooperativa, na qual os alunos trabalham em conjunto para tentar vencer um desafio.
   IV. Jogos interpretativos e teatro são conceitos sinônimos e, por isso, têm os mesmos efeitos didáticos.

Estão corretas as afirmativas:

a) I, II, III e IV.
b) I e IV.
c) III e IV.
d) II e III.
e) I e II.

4. Leia a descrição a seguir:

"Cada aluno escolhe um personagem, que tem suas características específicas e pode estar relacionado a um indivíduo histórico ou a uma nação. Cada aluno deve interpretar seu personagem conforme as características que este apresenta. Há também um narrador, que pode ser o professor ou outro aluno. Ele deve propor os desafios aos personagens, que, em cooperação, devem vencer o desafio. Essa situação pode ser utilizada para simular algum evento passado e levar os alunos a refletir sobre as questões desse momento histórico."

Indique a atividade lúdica a que essa descrição se refere:

a) Jogo interpretativo.
b) Jogo eletrônico.
c) Teatro.
d) Jogo analógico.
e) Recurso didático.

5. Sobre jogos analógicos, jogos eletrônicos e teatro como recursos didáticos, é **incorreto** afirmar:
   a) Os jogos eletrônicos podem ser boas referências para o professor, pelo fato de, muitas vezes, conterem vários

elementos históricos, porém é difícil disponibilizá-los a todos os alunos.

b) Os jogos analógicos são o tipo de jogo mais antigo e compreendem jogos de tabuleiro e de cartas, por exemplo. Em geral, eles permitem desenvolver o trabalho coletivo e estudar História de forma lúdica e divertida.

c) O teatro é uma alternativa ao jogo, porém nele os alunos seguem um roteiro fixo. O teatro pode ser útil como recurso didático porque desenvolve o trabalho coletivo, o estudo e a pesquisa e um conhecimento cultural mais amplo.

d) Os jogos eletrônicos não apresentam qualquer elemento que seja útil para o ensino de História, e o teatro, por ser composto por um roteiro fixo, não permite um trabalho interativo dos alunos.

e) Devem ser evitados, pois, além de terem um potencial didático baixo, facilmente podem causar distração entre os alunos, assim como algazarra e bagunça.

Atividades de aprendizagem

Questões para reflexão

1. Enquanto era estudante de História no ensino fundamental e no ensino médio, você teve aulas lúdicas? Você se lembra de algum professor ter desenvolvido um conteúdo com a utilização de algum jogo? Se sim, como foi a experiência? Se não, qual conteúdo de História você acredita que poderia ter sido ensinado de forma lúdica?

2. Quantos jogos eletrônicos você conhece? Quais deles apresentam alguma temática histórica? Como a História é abordada nesses jogos? Em sua opinião, como os elementos históricos identificados poderiam ser trabalhados em uma aula de História?

Atividade aplicada: prática

1. Escolha um tema ou um conteúdo histórico e elabore um jogo analógico e um jogo interpretativo com base nele. Reflita: O que, com relação a esse conteúdo, é importante ensinar? Quais aspectos são relevantes sobre esse episódio específico? No caso do jogo analógico, identifique qual tipo de jogo seria o mais adequado: um jogo de tabuleiro, de cartas ou de perguntas e respostas. Pense em como ele funcionaria didaticamente, ou seja, que tipo de ensino seria realizado e que tipo de aprendizagem ele propiciaria. No caso do jogo interpretativo, pense qual seria a situação ou o episódio histórico em que o jogo se passaria, quais seriam os personagens e suas características e qual seria o desafio ou o objetivo que os jogadores/alunos tentariam cumprir.

Considerações finais

É importante, hoje, ter a consciência de que o ensino de qualquer disciplina na escola encontra uma forte concorrência em face das alternativas oferecidas pela televisão e pela internet. Em especial no que se refere à internet, é preciso notar que os alunos podem ter acesso a uma enorme quantidade de informações, das mais diferentes formas. Isso significa que as posições de aluno e de professor não são mais tão determinadas e fixas. O aluno que busca informações na *web* é, ao mesmo tempo, educando e educador de si mesmo. Todavia, é inegável que existe uma grande dificuldade nesse novo cenário: separar as informações verdadeiras e de qualidade das informações falsas ou obtidas sem rigor acadêmico e metodológico.

A História é uma das áreas em que é possível perceber com clareza esse problema decorrente da disseminação de informações dúbias em *sites*, *e-mails* e aplicativos de conversa. Assim, na atualidade, não cabe somente ensinar aos alunos o que aconteceu no passado, porque isso ele pode encontrar facilmente na internet. É preciso ensinar o que e como eles devem fazer para aprender. As situações de aprendizagem são múltiplas e estão acessíveis a qualquer aluno. O papel da disciplina de História, nesse contexto, é levar os alunos a entender que há diferentes formas de produzir conhecimento, as quais não são neutras, mas, ao contrário, vinculadas a diversos contextos espaciais e temporais.

Desse modo, as instituições de ensino e o professor de História devem tomar as novas linguagens e mídias como aliadas e usá-las no processo de ensino. Contudo, é dever também desses atores educacionais construir um contraponto a essa realidade, uma vez que os agentes responsáveis pela produção e pela circulação das informações na internet, muitas vezes, estão voltados ao mercado, ou seja, sua principal preocupação não é sempre a produção do conhecimento embasada em estudos e pesquisas feitos com o rigor necessário. A informação surge como algo efêmero, rápido, que serve ao momento. Apesar dessa existência quase instantânea, porém, a informação fica, de alguma forma, acumulada na estrutura cognitiva do usuário e desenvolve pontos de ancoragem. Sendo essa informação imprecisa ou falsa, os conhecimentos subsequentes, que podem depender desse elo inicial, criam uma cadeia de concepções factuais equivocadas, servindo de base, até mesmo, para concepções ideológicas nocivas. A educação deve ser o contraponto a isso.

O ensino e a aprendizagem constituem um processo que deve promover a formação de sujeitos ativos, autônomos, capazes de ler, interpretar, agir e interagir de forma crítica no mundo. Essa concepção, no âmbito da disciplina de História, passa por compreender que nenhuma informação é absoluta ou definitiva, inclusive nosso conhecimento sobre o passado.

Portanto, o ensino de História deve encarregar-se de formar um cidadão duplamente crítico. Por um lado, ele precisa aprender a analisar as informações que recebe sobre o passado de forma crítica, questionando se aquilo, tal como está narrado e explicado, é coerente com a realidade da época em que supostamente ocorreu, se as consequências que lhe foram atribuídas são, de fato, plausíveis e, por fim, se não houve uma apropriação essencialmente política do passado. Por outro lado, o aluno também precisa aprender a aprender, ou seja, saber buscar o conhecimento necessário para poder desenvolver suas potencialidades e agir de forma crítica no mundo. Trata-se, pois, de formar um cidadão com autonomia para ser educando e educador.

Referências

ABUD, K. M. Registro e representação do cotidiano: a música popular na aula de História. **Cadernos Cedes**, Campinas, v. 25, n. 67, p. 309-317, set./dez. 2005. Disponível em: <http://www.scielo.br/pdf/ccedes/v25n67/a04v2567.pdf>. Acesso em: 5 jul. 2019.

ALMEIDA, M. das G. de. Memória e História: o cemitério como espaço para educação patrimonial. In: SIMPÓSIO NACIONAL DE HISTÓRIA: LUGARES DOS HISTORIADORES – VELHOS E NOVOS DESAFIOS, 28., 2015, Florianópolis. **Anais eletrônicos...** Florianópolis: UFSC/Udesc/Anpuh, 2015. Disponível em: <http://www.snh2015.anpuh.org/resources/anais/39/1437954075_ARQUIVO_ARTIGOCOMPLETOANPUH2015.pdf>. Acesso em: 5 jul. 2019.

ALMEIDA, M. H. G. Ensino de História a partir do teatro: entre práticas e representações. In: NEVES, A. F. et al. **Estudos interdisciplinares em humanidades e letras.** São Paulo: Blucher, 2016. p. 59-72.

ANDRADE, D. E.-J. O lúdico e o sério: experiências com jogos no ensino de História. **História & Ensino**, Londrina, v. 13, p. 91-106, set. 2007. Disponível em: <http://www.uel.br/revistas/uel/index.php/histensino/article/view/11646>. Acesso em: 5 jul. 2019.

ANGELI. Colégio militar. **Folha de S. Paulo**, 14 jun. 2010.

ARAGÃO, O. C. Cartum, do impresso à internet: narrativa sequencial e humor disjuntivo. **Revista USP**, São Paulo, n. 88, p. 112-121, dez. 2010/fev. 2011. Disponível em: <http://www.revistas.usp.br/revusp/article/view/13856>. Acesso em: 5 jul. 2019.

ARAUJO, R. V. O uso de redes sociais como prática no ensino de História. **Jamaxi**: revista de História, v. 2, n. 1, p. 141-153, 2018. Disponível em: <https://periodicos.ufac.br/index.php/jamaxi/article/view/1721/1029>. Acesso em: 5 jul. 2019.

ARO, M. L. B.; GOMES, N. dos S. As fake news como contribuição na formação do leitor crítico. **Philologus**, Rio de Janeiro, ano 23, n. 69, p. 509-515, set./dez. 2017.

BARREIRA, I. A. F. Usos da cidade: conflitos simbólicos em torno da memória e imagem de um bairro. **Análise Social**, v. 42, n. 182, p. 163-180, 2007. Disponível em: <http://www.scielo.mec.pt/scielo.php?script=sci_arttext&pid=S0003-25732007000100008>. Acesso em: 5 jul. 2019.

BAUMGARTEN, C. A. O novo romance histórico brasileiro. **Via Atlântica**, São Paulo, n. 4, p. 168-176, 2000. Disponível em: <http://www.revistas.usp.br/viaatlantica/article/view/49611>. Acesso em: 5 jul. 2019.

BECKER, B. Mídia e jornalismo como formas de conhecimento: uma metodologia para leitura crítica das narrativas jornalísticas audiovisuais. **Matrizes**, São Paulo, ano 5, n. 2, p. 231-250, jan./jun. 2012. Disponível em: <https://www.revistas.usp.br/matrizes/article/download/38335/41197/>. Acesso em: 5 jul. 2019.

BITTENCOURT, C. M. F. **Ensino de História**: fundamentos e métodos. São Paulo: Cortez, 2008.

BITTENCOURT, C. M. F. (Org.). **O saber histórico na sala de aula**. São Paulo: Contexto, 2004.

BLOCH, M. **Apologia da História**. Rio de Janeiro: J. Zahar, 2001.

BOURDÉ, G.; MARTIN, H. **As escolas históricas**. Algueirão-Mem Martins: Europa-América, 1990.

BOURDIEU, P.; WACQUANT, L. Sobre as artimanhas da razão imperialista. **Estudos Afro-Asiáticos**, Rio de Janeiro, v. 24, n. 1, p. 15-33, 2002. Disponível em: <www.scielo.br/pdf/eaa/v24n1/a02v24n1.pdf>. Acesso em: 5 jul. 2019.

BRASIL. Lei n. 10.639, de 9 de janeiro de 2003. **Diário Oficial da União**, Poder Legislativo, Brasília, DF, 10 jan. 2003. Disponível em: <www.planalto.gov.br/ccivil_03/leis/2003/L10.639.htm>. Acesso em: 5 jul. 2019.

BRASIL. Ministério da Cidadania. Secretaria Especial da Cultura. **As metas do Plano Nacional de Cultura**. 3. ed. Brasília, 2013. Disponível em: <http://pnc.cultura.gov.br/wp-content/uploads/sites/16/2013/12/As-metas-do-Plano-Nacional-de-Cultura_3%C2%AA-ed_espelhado_3.pdf>. Acesso em: 5 jul. 2019.

BRASIL. Ministério da Educação. Fundo Nacional de Desenvolvimento da Educação. Secretaria de Educação Básica. **Edital de convocação 02/2015**. Brasília, 2015. Disponível em: <https://www.fnde.gov.br/index.php/centrais-de-conteudos/publicacoes/category/165-editais?download=9518:pnld-2017-edital-consolidado-10-06-2015>. Acesso em: 5 jul. 2019.

BRASIL. Ministério da Educação. Secretaria de Educação Básica. **Base Nacional Comum Curricular**. 2016. Disponível em: <http://basenacionalcomum.mec.gov.br>. Acesso em: 5 jul. 2019.

CAMPOS, E. C. de; PETRY, M. B. Histórias desenhadas: os usos das expressões gráficas de humor como fontes para a História.. **Fronteiras**: Revista Catarinense de História, Florianópolis, n. 17, p. 117-135, 2009. Disponível em: <http://www.anpuh-sc.org.br/revfront_17%20pdfs/art6_format_historiasdesenhadas_emer_miche.pdf>. Acesso em: 5 jul. 2019.

CAPUTO, R. F. O homem e suas representações sobre a morte e o morrer: um percurso histórico. **Saber Acadêmico**, n. 6, p. 73-80, dez. 2008. Disponível em: <http://uniesp.edu.br/sites/_biblioteca/revistas/20180403124306.pdf>. Acesso em: 5 jul. 2019.

CASSIANO, C. C. de F. Aspectos políticos e econômicos da circulação do livro didático de História e suas implicações curriculares. **História**, São Paulo, v. 23, n. 1-2, p. 33-48, 2004. Disponível em: <http://www.scielo.br/scielo.php?pid=S0101-90742004000200003&script=sci_abstract&tlng=pt>. Acesso em: 5 jul. 2019.

CAUSO, R. de S. **Ficção científica, fantasia e horror no Brasil**: 1875 a 1950. Belo Horizonte: Ed. da UFMG, 2003.

CERRI, L. F. Didática da História: uma leitura teórica sobre a História na prática. **Revista de História Regional**, Ponta Grossa, v. 15, n. 2, p. 264-278, 2010. Disponível em: <http://www.revistas2.uepg.br/index.php/rhr/article/view/2380/0>. Acesso em: 5 jul. 2019.

CERTEAU, M. **A escrita da História**. Rio de Janeiro: Forense Universitária, 2002.

CHAGAS, V. et al. A política dos memes e os memes da política: proposta metodológica de análise de conteúdo de memes dos debates eleitorais de 2014. **Intexto**, Porto Alegre, n. 38, p. 173-196, jan./abr. 2017. Disponível em: <https://seer.ufrgs.br/index.php/intexto/article/view/63892>. Acesso em: 5 jul. 2019.

CHALHOUB, S.; PEREIRA, L. A. de M. (Org.). **A história contada**: capítulos de história social da literatura brasileira. Rio de Janeiro: Nova Fronteira, 1998.

CHARTIER, R. Debate: Literatura e História. **Topoi**: revista de História, v. 1, n. 1, p. 197-215, 2000. Disponível em: <http://www.scielo.br/pdf/topoi/v1n1/2237-101X-topoi-1-01-00197.pdf>. Acesso em: 5 jul. 2019.

CHOAY, F. **A alegoria do patrimônio**. São Paulo: Ed. da Unesp, 2001.

COELHO, A. L. P. F. **"Brace yourselves, memes are coming"**: formação e divulgação de uma cultura de resistência através de imagens da internet. 85 f. Dissertação (Mestrado em Divulgação Científica e Cultural) – Universidade Estadual de Campinas, Campinas, 2014. Disponível em: <http://repositorio.unicamp.br/handle/REPOSIP/270487>. Acesso em: 5 jul. 2019.

CUTRIM, K. D. G. **Patrimônio da humanidade**: a edificação discursiva da cidade de São Luís nas políticas de preservação do Estado. 187 f. Tese (Doutorado em Linguística e Língua Portuguesa) – Universidade do Estado de São Paulo, Araraquara, 2011. Disponível em: <https://repositorio.unesp.br/handle/11449/103557>. Acesso em: 5 jul. 2019.

DAVIES, N. Livro didático: apoio ao professor ou vilão do ensino de História? In: ENCONTRO PERSPECTIVAS DO ENSINO DE HISTÓRIA, 2., 1996, Rio de Janeiro.

DOBRYCHTOP, G. I. **"Morte, o preço da vida"**: as representações de morte e pós-modernismo em *Sandman*, de Neil Gaiman (1988-1998). 201 f. Dissertação (Mestrado em História) – Universidade Federal do Paraná, Curitiba, 2017. Disponível em: <https://acervodigital.ufpr.br/handle/1884/49565>. Acesso em: 5 jul. 2019.

DUARTE, N. A contradição entre universalidade da cultura humana e o esvaziamento das relações sociais: por uma educação que supere a falsa escolha entre etnocentrismo ou relativismo cultural. **Educação e Pesquisa**, São Paulo, v. 32, n. 3, p. 607-618, set./dez. 2006. Disponível em: <http://www.scielo.br/scielo.php?pid=S1517-97022006000300012&script=sci_abstract&tlng=pt>. Acesso em: 5 jul. 2019.

ENZENSBERGER, H. M. La literatura en cuanto historia. **Eco**, Bogotá, n. 201, jul. 1978.

FADEL, L. M. et al. (Org.). **Gamificação na educação**. São Paulo: Pimenta Cultural, 2014.

FERREIRA, C. A. L. Ensino de História e a incorporação das novas tecnologias da informação e comunicação: uma reflexão. **Revista de História Regional**, Ponta Grossa, v. 4, n. 2, p. 139-157, 1999. Disponível em: <http://www.revistas2.uepg.br/index.php/rhr/article/view/2087>. Acesso em: 5 jul. 2019.

FREIRE, P. **Pedagogia da autonomia**: saberes necessários à prática educativa. São Paulo: Paz e Terra, 1996.

FREITAG, B. A revitalização dos centros históricos das cidades brasileiras. **Caderno CRH**, Salvador, n. 38, p. 115-126, jan./jun. 2003. Disponível em: <https://portalseer.ufba.br/index.php/crh/article/view/18617/0>. Acesso em: 5 jul. 2019.

FREITAS, S. C.; FRANCISCO, A. C. de. Criação de subsunçores para aprendizagem significativa na análise de requisitos de software. In: SIMPÓSIO NACIONAL DE ENSINO DE CIÊNCIA E TECNOLOGIA, 3., 2012, Ponta Grossa. **Anais**... Ponta Grossa, 2012. Disponível em: <http://www.sinect.com.br/anais2012/html/artigos/ensino%20eng%20tec/14.pdf>. Acesso em: 5 jul. 2019.

FUNARI, P. P. **Grécia e Roma**. 5. ed. São Paulo: Contexto, 2015. (Repensando a História).

GAWRYSZEWSKI, A. Conceito de caricatura: não tem graça nenhuma. **Domínios da Imagem**, Londrina, v. 1, n. 2, p. 7-26, maio 2008. Disponível em: <http://www.uel.br/revistas/uel/index.php/dominiosdaimagem/article/viewFile/19302/14698>. Acesso em: 5 jul. 2019.

GINWAY, M. E. **Ficção científica brasileira**. São Paulo: Devir, 2005.

GOMES, D. M. C. Turismo e museus: um potencial a explorar. In: FUNARI, P. P.; PINSKY, J. (Org.) **Turismo e patrimônio cultural**. 5. ed. São Paulo: Contexto, 2011. p. 27-34.

GUIMARÃES, M. L. L. S. Nação e civilização nos trópicos: o Instituto Histórico Geográfico Brasileiro e o projeto de uma história nacional. **Estudos Históricos**, Rio de Janeiro, n. 1, p. 5-27, 1988. Disponível em: <http://bibliotecadigital.fgv.br/ojs/index.php/reh/article/view/1935>. Acesso em: 5 jul. 2019.

HAYDT, R. C. C. **Curso de didática geral**. São Paulo: Ática, 2011.

HORTA, M. de L. P. Teatro da memória. **Revista do Patrimônio Histórico e Artístico Nacional**, v. 22, p. 158-162, 1987.

HOURANI, A. **Uma história dos povos árabes**. São Paulo: Companhia das Letras, 2001.

IBRAM – Instituto Brasileiro de Museus. **Caderno da Política Nacional de Educação Museal**. Brasília, 2018. Disponível em: <www.museus.gov.br/wp-content/uploads/2018/06/Caderno-da-PNEM.pdf>. Acesso em: 5 jul. 2019.

JENKINS, K. **A História repensada**. São Paulo: Contexto, 2001.

KERSTEN, M. S. de A. **Os rituais do tombamento e a escrita da História**. Curitiba: Ed. da UFPR, 2000.

LARAIA, R. de B. **Cultura**: um conceito antropológico. Rio de Janeiro: J. Zahar, 2001.

LE GOFF, J. **História e memória**. Campinas: Ed. da Unicamp, 1990.

LIBÂNEO, J. C. **Didática**. São Paulo: Cortez, 2006.

LOPES, M. A favor da desescolarização dos museus. **Educação & Sociedade**, n. 40, dez. 1991.

LÖWITH, K. **O sentido da História**. Lisboa: Edições 70, 1991.

MARCUSCHI, L. A. O hipertexto como um novo espaço de escrita em sala de aula. **Linguagem & Ensino**, v. 4, n. 1, p. 79-111, 2001. Disponível em: <http://www.rle.ucpel.tche.br/index.php/rle/article/view/263/229>. Acesso em: 5 jul. 2019.

MEDEIROS, E. W. Ensino de História: fontes e linguagens para uma prática renovada. **Vidya**, Santa Maria, v. 25, n. 2, p. 59-71, jul./dez. 2005. Disponível em: <https://periodicos.ufn.edu.br/index.php/VIDYA/article/viewFile/395/369>. Acesso em: 5 jul. 2019.

MEIRELLES, W. R. O cinema na História: o uso do filme como recurso didático no ensino de História. **História & Ensino**, Londrina, v. 10, p. 77-88, out. 2004. Disponível em: <http://www.uel.br/revistas/uel/index.php/histensino/article/view/11966>. Acesso em: 5 jul. 2019.

MENESES, P. Etnocentrismo e relativismo cultural: algumas reflexões. **Síntese**: revista de filosofia, Belo Horizonte, v. 27, n. 88, p. 245-254, 2000. Disponível em: <http://faje.edu.br/periodicos/index.php/Sintese/article/view/747>. Acesso em: 5 jul. 2019.

MIRANDA, S. R.; LUCA, T. R. de. O livro didático de História hoje: um panorama a partir do PNLD. **Revista Brasileira de História**, São Paulo, v. 24, n. 48, p. 123-144, 2004. Disponível em: <http://www.scielo.br/scielo.php?script=sci_arttext&pid=S0102-01882004000200006>. Acesso em: 5 jul. 2019.

MORAIS, S. P.; ROCHA, R. RPG (Role Playing Game): notas para o ensino-aprendizagem de História. **História & Ensino**, Londrina, v. 18, n. 1, p. 27-47, jan./jun. 2012. Disponível em: <http://www.uel.br/revistas/uel/index.php/histensino/article/view/12389>. Acesso em: 5 jul. 2019.

MOURA, M. J. F. de. O ensino de História e as novas tecnologias: da reflexão à ação pedagógica. In: SIMPÓSIO NACIONAL DE HISTÓRIA, 25., 2009, Fortaleza. **Anais**... Fortaleza: Anpuh, 2009. Disponível em: <https://anpuh.org.br/index.php/documentos/anais/category-items/1-anais-simposios-anpuh/30-snh25>. Acesso em: 5 jul. 2019.

MÜLLER, A. J. O ensino de História e as mídias sociais no Ensino Médio. **Revista Educacional Interdisciplinar**, Taquara, v. 5, n. 1, p. 1-10, nov. 2016. Disponível em: <https://seer.faccat.br/index.php/redin/article/view/424>. Acesso em: 5 jul. 2019.

MUNAKATA, K. O livro didático: alguns temas de pesquisa. **Revista Brasileira de História da Educação**, Campinas, v. 12, n. 3, p. 179-197, set./dez. 2012. Disponível em: <http://www.periodicos.uem.br/ojs/index.php/rbhe/article/view/38817/0>. Acesso em: 5 jul. 2019.

NADALIN, S. O.; MACHADO, C. Memória individual e discurso social: relatos de um imigrante, Curitiba (Brasil), passagem do século XIX para o XX. **Confluenze**: Rivista di Studi Iberoamericani, Bologna, v. 5, n. 2, 2013. Disponível em: <https://confluenze.unibo.it/article/view/4158/3598>. Acesso em: 5 jul. 2019.

NAPOLITANO, M. **História e** música: história cultural da música popular. Belo Horizonte: Autêntica, 2002.

NOGUEIRA, M. A. L. A cidade imaginada ou o imaginário da cidade. **História, Ciências, Saúde-Manguinhos**, Rio de Janeiro, v. 1, p. 115-123, mar./jun. 1998. Disponível em: <http://www.scielo.br/scielo.php?script=sci_arttext&pid=S0104-59701998000100006>. Acesso em: 5 jul. 2019.

OLIVEIRA, N. A. A. de; ALMEIDA, L. M. O. Gêneros jornalísticos opinativos de humor: caricatura e charges. **Janus**, Lorena, ano 3, n. 4, p. 77-90, jul./dez. 2006. Disponível em: <http://unifatea.com.br/seer3/index.php/Janus/article/download/140/128/>. Acesso em: 5 jul. 2019.

OLIVEIRA, N. A. S. de. "Novas" e "diferentes" linguagens e o ensino de História: construindo significados para a formação de professores. **EntreVer**, Florianópolis, v. 2, n. 2, p. 262-277, jan./jun. 2012. Disponível em: <https://periodicos.ufsc.br/index.php/EntreVer/article/view/34228/0>. Acesso em: 5 jul. 2019.

PALHARES, M. C. **História em quadrinhos**: uma ferramenta pedagógica para o ensino de História. 2009. Disponível em: <www.diaadiaeducacao.pr.gov.br/portals/pde/arquivos/2262-8.pdf>. Acesso em: 5 jul. 2019.

PAPPÉ, I. **História da Palestina moderna**. Lisboa: Caminho, 2007.

PATTO, C.; CHAVES, R. High School Comics. **Contratempos Modernos**, 7 jan. 2009. Disponível em: <https://contratemposmodernos.blogspot.com/search?q=high+school+comics>. Acesso em: 5 jul. 2019.

PERNOUD, R. **O mito da Idade Média**. Lisboa: Europa-América, 1990.

PERRENOUD, P. **Dez novas competências para ensinar**. Porto Alegre: Artmed, 2000.

PESAVENTO, S. J. História, memória e centralidade urbana. **Mosaico**, v. 1, n. 1, p. 3-12, jan./jun. 2008. Disponível em: <http://seer.pucgoias.edu.br/index.php/mosaico/article/view/225>. Acesso em: 5 jul. 2019.

_____. Memória, história e cidade: lugares no tempo, momentos no espaço. **ArtCultura**, Uberlândia, v. 4, n. 4, p. 23-35, 2002.

PESSOA, A. R. Charge como estratégia complementar de ensino. **Revista Temática**, São Paulo, ano 7, n. 3, mar. 2011.

PIMENTEL, A. A ludicidade na educação infantil: uma abordagem histórico-cultural. **Psicologia da Educação**, São Paulo, v. 26, p. 109-133, jan./jun. 2008. Disponível em: <http://pepsic.bvsalud.org/pdf/psie/n26/v26a07.pdf>. Acesso em: 5 jul. 2019.

PIOVEZAN, A. **Morrer na guerra**: instituições, ritos e devoções no Brasil (1944-1967). 298 f. Tese (Doutorado em História) – Universidade Federal do Paraná, Curitiba, 2014. Disponível em: <https://acervodigital.ufpr.br/handle/1884/36370>. Acesso em: 5 jul. 2019.

RAGO, M. A "nova" historiografia brasileira. **Anos 90**, Porto Alegre, n. 11, p. 73-96, jul. 1999. Disponível em: <https://seer.ufrgs.br/anos90/article/view/6543>. Acesso em: 5 jul. 2019.

RECUERO, R. da C. Memes em weblogs: proposta de uma taxonomia. **Revista Famecos: Mídia, Cultura e Tecnologia**, Porto Alegre, v. 14, n. 32, abr. 2007. Disponível em: <http://revistaseletronicas.pucrs.br/ojs/index.php/revistafamecos/article/view/3411>. Acesso em: 5 jul. 2019.

REIS, J.C. **Escola dos Annales**: a inovação em História. Rio de Janeiro: Paz e Terra, 2000.

RIANI-COSTA, C. F. Linguagem & cartum... tá rindo do quê? In: CONGRESSO BRASILEIRO DE CIÊNCIAS DA COMUNICAÇÃO, 25., 2002, Salvador. **Anais**... São Paulo: Intercom, 2002. Disponível em: <http://www.portcom.intercom.org.br/pdfs/692082109121061670397271794226881879 03.pdf>. Acesso em: 5 jul. 2019.

RIBEIRO, M. L. S. **História da educação brasileira**: a organização escolar. São Paulo: Cortez, 1992.

RIGO, K. F. **Vamos começar pelo fim?** A pedagogia cemiterial como projeto educativo no espaço escolar. 212 f. Tese (Doutorado em Teologia) – Faculdades EST, São Leopoldo, 2015. Disponível em: <http://dspace.est.edu.br:8080/jspui/handle/BR-SlFE/593>. Acesso em: 5 jul. 2019.

ROLOFF, E. M. A importância do lúdico em sala de aula. In: SEMANA DE LETRAS, 10., 2010, Porto Alegre. **Anais**... Porto Alegre: EDIPUCRS, 2010. Disponível em: <http://ebooks.pucrs.br/edipucrs/anais/Xsemanadeletras/comunicacoes/Eleana-Margarete-Roloff.pdf>. Acesso em: 5 jul. 2019.

RÜSEN, J. **História viva**: teoria da história: formas e funções do conhecimento histórico. Brasília: Ed. da UnB, 2007. v. 3.

SALLES, A. M. O livro didático como objeto e fonte de pesquisa histórica e educacional. **Semina**: Revista dos Pós-Graduandos em História da UPF, v. 10, 2. sem. 2011. Disponível em: <http://seer.upf.br/index.php/ph/article/view/4387>. Acesso em: 5 jul. 2019.

SANTOS, O. K. C.; BELMINO, J. F. B. Recursos didáticos: uma melhora na qualidade da aprendizagem. In: FÓRUM INTERNACIONAL DE PEDAGOGIA, 5., 2013, Vitória da Conquista. **Anais**... Campina Grande: Realize, 2013. Disponível em: <http://editorarealize.com.br/revistas/fiped/trabalhos/Trabalho_Comunicacao_oral_idinscrito_fde094c18ce8ce27adf61aedf31dd2d6.pdf>. Acesso em: 5 jul. 2019.

SCHMIDT, M. A.; CAINELLI, M. **Ensinar História**. São Paulo: Scipione, 2004.

SELAU, M. da S. História oral: uma metodologia para o trabalho com fontes orais. **Esboços: Histórias em Contextos Globais**, Florianópolis, v. 11, n. 11, p. 217-228, jan. 2004. Disponível em: <https://periodicos.ufsc.br/index.php/esbocos/article/view/486>. Acesso em: 5 jul. 2019.

SHIGUNOV NETO, A.; MACIEL, L. S. B. O ensino jesuítico no período colonial brasileiro: algumas discussões. **Educar**, Curitiba, n. 31, p. 169-189, 2008. Disponível em: <http://www.scielo.br/scielo.php?pid=S0104-40602008000100011&script=sci_abstract&tlng=pt>. Acesso em: 5 jul. 2019.

SILVA, J. R. da. Itinerários do livro didático como objeto central no ensino de História. **Antíteses**, Londrina, v. 6, n. 12, p. 103-125, jul./dez. 2013. Disponível em: <http://www.uel.br/revistas/uel/index.php/antiteses/article/view/11046>. Acesso em: 5 jul. 2019.

SIMÃO NETO, A. Nova história, novo museu? **História: Questões e Debates**, Curitiba, ano 9, n. 17, p. 225-380, dez. 1988. Disponível em: <https://revistas.ufpr.br/historia/issue/viewIssue/2043/244>. Acesso em: 5 jul. 2019.

STEARNS, P. N. **História das relações de gênero**. São Paulo: Contexto, 2007.

VEIGA, I. P. A. Didática: uma retrospectiva histórica. In: VEIGA, I. P. A. **Repensando a didática**. Campinas: Papirus, 2006. p. 33-54.

Bibliografia comentada

BITTENCOURT, C. M. F. **Ensino de História**: fundamentos e métodos. São Paulo: Cortez, 2008.

Circe Maria Fernandes Bittencourt é uma historiadora reconhecida na área de ensino de História e professora de pós-graduação da Faculdade de Educação da Universidade São Paulo (USP) e da Pontifícia Universidade Católica de São Paulo (PUC-SP). Esse livro deve ser objeto de consulta de todo profissional de História que trabalhará, em algum nível, com o ensino, já que aborda diversos assuntos, desde os mais introdutórios, como o conceito de disciplina escolar, até os mais específicos, como o trabalho com o meio ambiente em História. É, portanto, uma obra que complementa o conteúdo apresentado neste livro.

FADEL, L. M. et al. (Org.). **Gamificação na educação**. São Paulo: Pimenta Cultural, 2014.

Os autores desse livro são pesquisadores nas áreas de comunicação, tecnologia para educação, *design* e educação a distância. A obra discute como utilizar jogos em diferentes atividades educativas e em diversas modalidades da educação.

HAYDT, R. C. C. **Curso de didática geral.** São Paulo: Ática, 2011.

Regina Célia Cazaux Haydt tem alguns livros publicados sobre ensino e didática. Esse livro é uma boa leitura, uma vez que aborda, de forma bastante acessível e direta, questões acerca da prática de ensino, da didática, da relação entre professor e aluno, da processo de ensino-aprendizagem, da elaboração de currículos e objetivos educacionais e dos recursos para o ensino e a avaliação.

LIBÂNEO, J. C. **Didática.** São Paulo: Cortez, 2006.

José Carlos Libâneo é um dos grandes autores que tratam de didática e prática do ensino no Brasil. Essa obra apresenta elementos centrais sobre essas temáticas. É uma leitura importante para a formação profissional.

PERRENOUD, P. **Dez novas competências para ensinar.** Porto Alegre: Artmed, 2000.

Esse livro propõe importantes reflexões sobre o ensino, bem como dicas e orientações para a criação de situações de aprendizagem.

RIBEIRO, M. L. S. **História da educação brasileira:** a organização escolar. São Paulo: Cortez, 1992.

Esse livro apresenta um rico panorama da história da educação no Brasil, e sua leitura é essencial para profissionais da área.

SCHMIDT, M. A.; CAINELLI, M. **Ensinar História**. São Paulo: Scipione, 2004.

Maria Auxiliadora Schmidt é professora de Prática do Ensino da Universidade Federal do Paraná (UFPR) e Marlene Cainelli é docente na mesma área, na Universidade Estadual de Londrina (UEL). Esse livro é uma importante fonte de consulta para todos os profissionais que trabalharão com o ensino de História, pois aborda aspectos fundamentais para a análise desse assunto.

Fabio Sapragonas Andrioni

Respostas

Capítulo 1

1. d
2. d
3. e
4. b
5. e

Capítulo 2

1. d
2. c
3. d
4. a
5. c

Capítulo 3

1. c
2. c
3. a
4. e
5. d

Capítulo 4

1. b
2. d
3. b
4. a
5. e

Capítulo 5

1. a
2. e
3. a
4. b
5. d

Capítulo 6

1. b
2. e
3. d
4. a
5. d

Sobre o autor

Fabio Sapragonas Andrioni é licenciado em História (2005) pela Universidade Tuiuti do Paraná (UTP), especialista em Literatura Brasileira e História Nacional (2006) pela Universidade Tecnológica Federal do Paraná (UTFPR), mestre (2010) e doutor (2014) em História Social pela Faculdade de Filosofia, Letras e Ciências Humanas (FFLCH) da Universidade de São Paulo (USP), com um período de estudante visitante no Department of History and Sociology of Science da University of Pennsylvania, em 2013. Entre 2015 e 2017, exerceu o cargo de professor substituto no Departamento de História da Universidade Federal do Paraná (UFPR) e, entre 2015 e 2018, foi professor de Teoria da História nas Faculdades Integradas Espírita do Paraná. Em 2018, obteve bolsa de pós-doutorado júnior do Conselho Nacional de Desenvolvimento Científico e Tecnológico (CNPq) para desenvolver pesquisa no Instituto de Estudos Avançados (IEA), da USP. Tem publicações em revistas acadêmicas nas áreas de Teoria e Filosofia da História e História Contemporânea.

Os papéis utilizados neste livro, certificados por instituições ambientais competentes, são recicláveis, provenientes de fontes renováveis e, portanto, um meio **respons**ável e natural de informação e conhecimento.

Impressão: Reproset
Fevereiro/2023